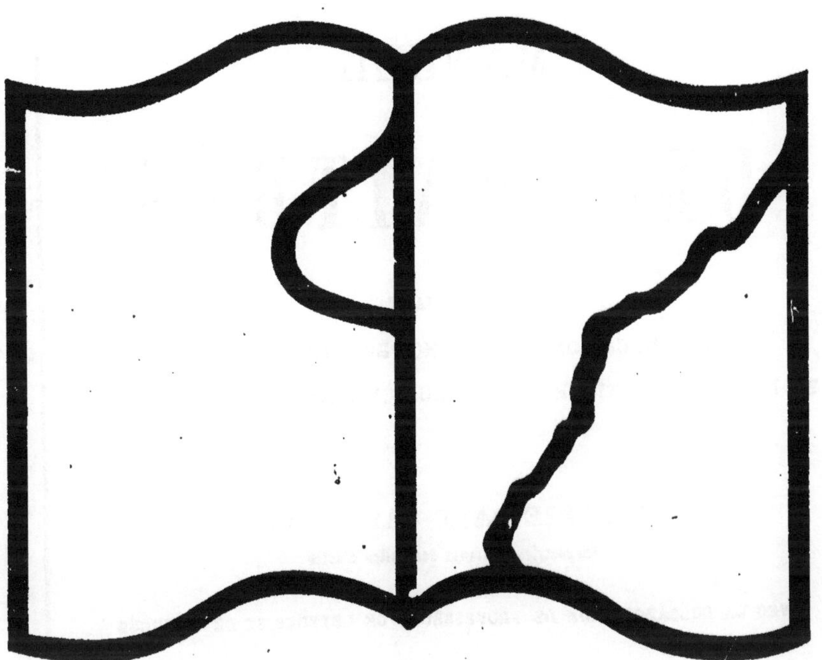

Texte détérioré — reliure défectueuse

NF Z 43-120-11

**Symbole applicable
pour tout, ou partie
des documents microfilmés**

COURS D'ÉDUCATION ET D'INSTRUCTION
DEUXIÈME ANNÉE PRÉPARATOIRE

MANUEL

DES MAITRES

COMPRENANT

L'APPLICATION DES PRINCIPES PÉDAGOGIQUES
ET LE GUIDE PRATIQUE DE LA DEUXIÈME ANNÉE PRÉPARATOIRE

PAR

Mme MARIE PAPE-CARPANTIER

Inspectrice générale des Salles d'asile

AVEC LA COLLABORATION DE PROFESSEURS DE LETTRES ET DE SCIENCES

DEUXIÈME ÉDITION

PARIS
LIBRAIRIE HACHETTE ET Cie
79, BOULEVARD SAINT-GERMAIN, 79

1877

COURS D'ÉDUCATION ET D'INSTRUCTION

PAR Mᵐᵉ PAPE-CARPANTIER

A L'USAGE DES ÉCOLES ET DES FAMILLES

Les volumes de ce Cours sont imprimés dans le format grand in-18, contiennent des illustrations intercalées dans le texte et se vendent cartonnés.

Ce Cours est divisé en trois périodes

1° — *Élémentaire* — 2° *Moyenne* — 3° *Complémentaire*

Précédées de deux années préparatoires.

1re ANNÉE PRÉPARATOIRE
de 5 à 7 ans

1° **Manuel des Maîtres,** comprenant : l'Exposé des principes de la pédagogie et le guide pratique de la première année ; 2° édition. 1 volume. 2 fr. 50

2° **Enseignement de la lecture,** à l'aide du procédé phonomimique de M. Grosselin. 50 c. *Tableaux* (30) reproduisant la méthode. 3 fr.

3° **Petites lectures morales ; premières notions de grammaire.** 50 c.

4° **Premières notions d'arithmétique, de géométrie et du système métrique.** 50 c.

5° **Premières notions de géographie et d'histoire naturelle.** 75 c.

2° ANNÉE PRÉPARATOIRE
de 7 à 8 ans

1° **Manuel des Maîtres** comprenant : l'application des principes pédagogiques, et le guide pratique de la deuxième année ; 2° édition. 1 vol. 2 fr. 50

2° **Lectures morales et instructives ; grammaire.** 1 vol. 1 fr.

3° **Arithmétique ; géométrie ; système métrique.** 1 fr.

4° **Géographie ; premières notions sur quelques phénomènes naturels.** 1 vol. 75 c.

5° **Histoire naturelle ; leçons préparatoires à l'étude de l'hygiène.** 1 fr.

PÉRIODE ÉLÉMENTAIRE
de 8 à 10 ans

1° **Manuel des Maîtres,** guide pratique de la période élémentaire. 2 fr. 50

2° **Grammaire accompagnée d'exercices ; lectures et dictées.** 1 fr. 50

3° **Arithmétique ; géométrie ; système métrique.** 1 fr. 50

4° **Premiers éléments de cosmographie ; géographie.** 1 fr. 50

5° **Histoire naturelle.** 1 fr. 50

6° **Premières notions d'hygiène, de physique et de chimie.** 1 fr.

PÉRIODE MOYENNE
de 10 à 12 ans

Grammaire, accompagnée de dictées-exercices. 1 fr. 50

Éléments de cosmographie ; Géographie. »

Hygiène, Physique et Chimie, sous presse.

Arithmétique, géométrie, dessin, sous presse.

Le dernier volume de la Période moyenne est en préparation.

Typographie Lahure, rue de Fleurus, 9, à Paris.

MANUEL

DES MAITRES

DEUXIÈME ANNÉE PRÉPARATOIRE

AUTRES OUVRAGES DE Mme PAPE-CARPANTIER

Zoologie, *histoires et leçons explicatives* destinées aux écoles, aux salles d'asile et aux familles ; 2° édition, illustrée de nombreuses gravures. 5 volumes grand in-18, brochés :

Les trois premiers volumes se vendent 1 franc 25 centimes chaque ; le 4° volume, 1 fr. 50 c.; et le 5° volume, 2 francs.

Une série de 10 grandes images en chromolithographie correspond à chaque volume et se vend 5 francs.

Histoire du blé, *histoires et leçons explicatives.* 1 volume grand in-18, avec 62 vignettes dans le texte, cartonné, 1 fr.

Six grandes images en chromolithographie correspondent à ce volume et se vendent 3 fr. 50 c.

Histoires et leçons de choses, pour les enfants ; nouvelle édition avec 85 vignettes dans le texte. 1 volume in-12, broché, 2 fr. 25 c.

Ouvrage couronné par l'Académie française.

Lectures et travail, pour les enfants et les mères ; 2° édition. 1 vol. in-12, avec 124 vignettes dans le texte, cart., 1 fr. 25 c.

Ouvrage couronné par la Société pour l'instruction élémentaire.

Conseils sur la direction des salles d'asile ; 4° édition. 1 vol. grand in-18, 1 fr. 50 c.

Ouvrage couronné par l'Académie française et approuvé par Mgr l'évêque du Mans.

Enseignement pratique dans les salles d'asile, ou premières leçons à donner aux petits enfants, suivies de chansons et de jeux pour les récréations de l'enfance ; 5° édition. 1 vol. in-8, avec planches, 6 fr.

Ouvrage approuvé par le Saint-Siége et couronné par l'Académie française.

Jeux gymnastiques. avec chants, pour les enfants des salles d'asile ; 2° édition. 1 vol. in-8, avec musique et gravures, 2 fr.

Nouveau syllabaire des salles d'asile. 32 tableaux de 50 centimètres de hauteur sur 32 centimètres de largeur, avec un manuel grand in-18, 3 fr. 50 c.

Le collage des 32 tableaux sur 16 cartons se paye en sus 4 francs.

On vend séparément : Chacun des 32 tableaux, 15 centimes. — Le manuel, contenant la matière des 32 tableaux reproduits dans le format grand in-18, 25 centimes.

Le dessin expliqué par la nature. 1 vol. in-12, avec 59 figures dans le texte, 2 fr. 50 c.

Une boîte de solides correspondant au volume se vend séparément.

Typographie Lahure, rue de Fleurus, 9, à Paris.

COURS D'ÉDUCATION ET D'INSTRUCTION

DEUXIÈME ANNÉE PRÉPARATOIRE

MANUEL

DES MAITRES

COMPRENANT

L'APPLICATION DES PRINCIPES PÉDAGOGIQUES

ET LE GUIDE PRATIQUE DE LA DEUXIÈME ANNÉE PRÉPARATOIRE

PAR

Mme MARIE PAPE-CARPANTIER

Inspectrice générale des Salles d'asile

AVEC LA COLLABORATION

de M. et de Mme CH. DELON

DEUXIÈME ÉDITION

PARIS

LIBRAIRIE HACHETTE ET Cⁱᵉ

79, BOULEVARD SAINT-GERMAIN, 79

1877

AVANT-PROPOS

DE LA DEUXIÈME ÉDITION.

———

Nous ne reviendrons pas, dans ce volume, sur les principes pédagogiques, mais nous en poursuivrons l'application aux diverses branches de l'enseignement. Nous avons exposé ces principes dans le *Manuel* de la première année, nous y renvoyons les maîtres et maîtresses pour toute la suite du Cours.

Nous sommes loin, cependant, d'avoir épuisé la matière. Il n'est pas de source aussi profonde que l'étude de l'enfance, c'est-à-dire du cœur, de l'intelligence, et de la constitution physique de l'homme pris dans sa pureté native, avant que le monde ou les choses y aient encore apporté d'altération notable. C'est là, parmi toutes les autres études de la nature, l'étude par excellence car c'est celle de l'Humanité même.

Mais nous ne pouvons revenir sans cesse sur ce sujet, quelque important qu'il soit. Il faut remplir notre cadre si vaste, et dont l'exécution mûrie, consciencieuse, exige un temps que nous voudrions être assurée d'avoir devant nous. Nous nous reposons donc avec confiance sur les maîtres et maîtresses studieux et dévoués à leurs fonctions, pour suppléer à notre brièveté, et pour creuser eux-mêmes, chaque jour davantage, les riches sillons ouverts devant eux.

Octobre 1876.

MANUEL DES MAÎTRES.

(DEUXIÈME ANNÉE PRÉPARATOIRE.)

CHAPITRE PREMIER.

LECTURES MORALES ET INSTRUCTIVES.

Ces petites lectures, très-diverses de ton et de forme, sont destinées à servir d'exercice de lecture courante. Les unes sont de petites anecdotes morales, les autres sont explicatives, c'est-à-dire renferment un enseignement positif, sous une forme qu'on pourrait appeler littéraire.

Quand l'enfant aura lu le texte, l'instituteur en reprendra lui-même la lecture, en y mettant l'accent qui fait ressortir la pensée; puis il développera les idées qui y sont contenues. L'enfant, qui a été passif jusque-là, éprouve à ce moment le besoin d'exprimer les idées et les sentiments que la lecture a fait naître en lui. Ne le comprimez pas, mais donnez à votre commentaire la forme d'une causerie. Assurez-vous ainsi que les élèves ont compris, que leurs déductions sont justes, leur jugement sur les faits racontés exact. Complétez, élargissez, redressez quand il sera nécessaire; faites appel à la manifestation de la pensée individuelle.

En parcourant ces petites lectures de seconde année les maîtres se rendront compte de la gradation qu'elles présentent, et remarqueront une notable différence de ton et de degré entre les premières et celles-ci. C'est que ces textes sont destinés à être espacés dans le courant de l'année entière. Ceux qui sont explicatifs, qui contiennent un développement ou une application des notions résumées dans un des chapitres des livres de classe, ne doivent être lus qu'après l'enseignement de ce chapitre, ainsi qu'il est indiqué par des renvois mis au bas des pages.

I. La rose et les épines.

Cette petite allégorie est la première que nous offrons à l'enfant. En général on abuse, dans l'enseignement du premier âge, des fables, des symboles, des *allégories* de toute sorte. Il en résulte un très-grave inconvénient : l'enfant s'habitue à ne jamais rien considérer à un point de vue positif, à voir toujours dans les faits autre chose que le fait lui-même, à chercher à toute chose un sens figuré plus ou moins vague, qui le détourne de la notion nette et simple des faits réels et de leurs causes. Ce système d'éducation conduit toujours à raisonner par analogie, au lieu de raisonner par déduction : c'est assez dire que le jugement y perd en précision et en force. Ce n'est pas une raison pour écarter tout sens figuratif, toute allégorie, mais c'en est une pour ne pas en abuser.

Faites comprendre aux enfants, par des exemples choisis dans leur vie de chaque jour, que leurs parents prennent pour eux le souci et la peine, afin de les leur épargner. Ne formulez pas de conclusion sur la reconnaissance : ce serait affaiblir celle qui en résultera naturellement dans le cœur de chaque enfant. Ne mettez pas, en pareille circonstance, *une pensée* à la place *d'un sentiment.* Si quelque enfant manifeste ce sentiment d'une manière spontanée, son mouvement produira plus d'effet sur ses condisciples que toutes les *moralités* formulées. Que ce soit notre règle générale en fait de sentiment : fournissons à l'enfant les prémisses, conduisons-le par la main jusqu'à la conséquence, et là, laissons-le en face de sa conscience : qu'il soit mis en demeure de sentir par lui-même.

II. Les gouttes de rosée.

Ceci est une courte leçon de choses, encadrée pour ainsi dire dans une histoire enfantine. Nous invitons les instituteurs à reproduire très-souvent cette disposition, dont nous leur offrons quelques exemples. Ce n'est pas que nous donnions notre petite historiette pour un modèle, mais elle présente la forme qui réussit le mieux avec les enfants.

Cette *lecture* devra être donnée aux élèves après qu'on leur aura fait connaître les faits résumés dans le § 4 des *Notions sur quelques phénomènes naturels*, dont elle présente l'application; tels que Vapeurs. — Nuages. — Pluie. — Jeux de la lumière reflétée sur les gouttes d'eau. — Vives couleurs qu'elle prend en traversant les corps transparents dans certaines conditions. (Nous les indiquerons plus tard.)

III. Le coq du clocher.

Ne craignons pas d'animer d'un sourire quelques-uns des récits que nous faisons à l'enfant. Le maître qui sait sourire à l'occasion donne d'autant plus de poids aux paroles qu'il prononce dans les leçons plus graves.

Expliquez l'effet du vent sur la girouette, dont l'objet est justement d'en indiquer la direction. Pourquoi on la pose sur un édifice élevé. — Variabilité du vent. — Force du vent. — Moulins à vent.

IV. Le moulin à eau.

Cette petite histoire explicative devra être suivie, comme toutes celles de ce genre, d'un commentaire oral et d'une série de questions. Si l'instituteur mène les enfants promener dans un endroit où ils puissent observer directement une chute d'eau et un moulin, ce sera un excellent moyen pour développer les notions que nous donnons. Si l'instituteur ne le peut, qu'il s'ingénie à construire, de la façon la plus simple, une petite roue à palettes, qu'il fera tourner au courant d'un filet d'eau. Ceci inspirera aux enfants le désir de connaître le mécanisme de quelques-unes de ces utiles machines qu'ils n'ont aperçues que de loin.

Cette lecture contient en germe divers sujets :

Étang, réservoir, eaux pluviales et courantes.

Écoulement de l'eau. *Vanne* ou porte d'arrêt d'écoulement des eaux. Poids de l'eau qui jaillit. Comment l'eau agit par son poids, soit en pressant les *palettes* de la roue, soit en remplissant les *augets* (suivant le système). But et utilité des machines.

V. Le jugement du grand-père.

La morale de ce récit est toute dans les derniers mots. Le droit, la justice distributive, rigoureuse, est une chose nécessaire. On a le droit de faire soi-même *volontairement* l'abandon de son droit, mais nul ne peut l'exiger d'un autre. Avantages de la mise en commun de tout objet qui n'est pas de nature à être nécessairement consommé par l'usage.

VI. Le passage du gué.

Ne pas laisser les petits en arrière. Devant les difficultés de la vie, quelles qu'elles soient, se tenir unis et s'aider mutuellement. — Le ruisseau. Le gué. Le pont.

VII. Le cerf-volant.

Le savoir, l'habileté, le travail, sont une valeur.

La matière première ne constitue pas seule un objet : il faut lui donner la *forme*.

C'est le travail qui donne la forme convenable. Dans un objet façonné il y a donc non-seulement la valeur de la matière première employée à sa fabrication, mais aussi la valeur du travail qui a transformé cette matière.

Dignité du travail. Nécessité de la science pour diriger le travail.

VIII. L'oiseau perdu.

Le but moral de cette petite anecdote est de faire comprendre à l'enfant le respect de la propriété d'autrui, le devoir de rendre à son légitime propriétaire un objet trouvé, quelque désir que sa possession nous inspire. Il n'est pas besoin de commentaire; nous ne nous trouvons pas ici en présence d'une de ces choses délicates dont il faut tracer minutieusement les limites, de peur que l'enfant ne s'égare dans des interprétations hasardeuses; la chose est très-nette, sans malentendu possible.

IX. Les ombres chinoises.

Cette leçon de choses, sous forme dialoguée, doit suivre l'explication des §§ 6 et 7 des *Notions sur quelques phénomènes naturels*.

Certains phénomènes naturels, et même certains effets artificiels, peuvent causer de l'étonnement, parfois de la frayeur, quand on n'en connaît pas les causes. Pourtant ces choses n'ont rien de magique; il suffit de les observer attentivement, ou d'en demander l'explication à ceux qui la savent, pour apprendre la cause du phénomène, ou la manière de le produire. La surprise, la frayeur, cessent alors. — Plaisir de rechercher les causes cachées et de les trouver.

X. Le trouble-fête.

Nous avons voulu, dans cette petite scène, montrer le vice d'un caractère impérieux et égoïste, et en même temps faire sentir aux enfants qu'on doit respecter le libre arbitre d'autrui, c'est-à-dire le droit que chacun possède d'agir suivant sa volonté, en tout ce qui n'est pas *le mal*. En général, les enfants sont assez portés à user du *droit du plus fort;* il y a parfois des élèves qui se font les tyrans de leurs petits compagnons d'école. Cet abus peut aller jusqu'à l'odieux. Il y a eu, à notre connaissance, certains établissements où deux ou trois élèves, plus faibles ou plus timides, étaient les souffre-douleur de leurs condisciples, et considérés par eux comme des parias pour lesquels il n'y avait pas assez de mauvais traitements, d'injures, de vexations.. C'était un mot d'ordre, une persécution organisée, non-seulement contre eux, mais contre ceux qui s'abstenaient de les tourmenter. La condition de ces pauvres martyrs était déplorable. Et certains maîtres toléraient, sous on ne sait quel prétexte, cet apprentissage de la brutalité et des mauvaises passions! Ils ne faisaient rien pour mettre fin à cette sauvage tradition! Nous voulons espérer que de pareils faits ne se passent plus aujourd'hui. Que notre petit exemple montre du moins où conduit un caractère égoïste, impérieux, et nous engage à employer tous les moyens pour le détruire dans son germe : la persuasion, d'abord, et, s'il le faut, la répression. Voilà pourquoi nous avons voulu que notre récit contînt un blâme énergique; et pour lui donner plus de force encore, nous avons mis ce blâme dans la bouche des enfants poussés à bout; le maître n'intervient que pour le sanctionner.

XI. La petite grande dame.

Cette historiette, dont la pensée première appartient à un ancien, est destinée à attaquer cette vanité niaise trop ordinaire aux petites filles; en la prenant par son côté sensible : le ridicule. Il y a des institutrices, et surtout des mères, qui sont trop portées à l'indulgence à cet égard. L'instinct féminin de la parure, instinct bon en soi comme tout ce qui est naturel, tend, chez la petite fille, à prédominer et à dévier. Pourvu qu'il soit tant soit peu encouragé par une louange ou seulement une attention maladroite, par la flatterie d'une personne étrangère, il devient une vanité insupportable, amenant avec soi son cortége de sentiments mauvais : jalousies, petites envies mesquines, petits dédains ; germes déplorables que le goût du *paraître* fait éclore et développe comme en serre chaude. Ce n'était d'abord qu'un enfantillage sans portée : plaisir de s'admirer dans une toilette exceptionnelle. Peu à peu la petite fille, suivant les exemples qu'elle voit autour d'elle, en arrive à regarder la parure comme la grande affaire de la vie, et son éducation est faite. Viennent les quinze ans!... Tout cela est bien petit et, au fond, bien triste.

La morale de notre historiette vise plus haut : elle présente l'orgueil de la parure comme un cas particulier de la vanité en général, et celle-ci comme la plus grande ennemie du bonheur. Non-seulement la vanité met le désordre dans la vie en détournant les facultés et les instincts de leur voie plus haute, non-seulement elle trouble la paix du cœur en ouvrant la porte aux petites passions, mais elle nous gâte les plaisirs purs, ceux qui font tant de bien à l'âme, qui ont une influence si saine sur l'humeur et le caractère, quand ils sont simples et modérés.

XII. Le droit du plus fort.

Faites considérer la douce fonction de protéger la faiblesse comme le seul droit que la force confère. Ce droit, c'est, au fond, celui de s'offrir pour l'accomplissement d'un devoir que l'on est capable d'accomplir, non de s'emparer d'une autorité ou d'un bien quelconque.

Ajoutez au sujet principal de la leçon le paysage qui l'encadre : l'étang dans un lieu déprimé. — Les arbres et plantes aquatiques qui se plaisent au bord de l'eau. — Disposition des racines pour assurer la stabilité des plantes.

XIII. Le charmeur d'oiseaux.

Comment on peut, par la douceur et les soins persévérants, apprivoiser les animaux, même les plus timides ou les plus sauvages. Gentillesse des *passereaux*. Leur instinct de liberté. Leur défiance, puis leur familiarité.

Il faut, quand on veut faire du bien à un animal, le lui faire suivant les besoins de sa nature et de ses instincts à lui, et non suivant notre manière d'apprécier et notre caprice personnels.

De même, dans un ordre d'idée supérieur, il faut faire le bien avec discernement, sans bruit, et selon les besoins ou le désir de ceux à qui on veut venir en aide.

XIV. La récompense refusée.

Nous nous efforçons de faire comprendre à l'enfant, par ce récit d'un fait qui s'est passé sous nos yeux, jusqu'où doit aller le sentiment de la justice.

Nous faisons considérer la récompense de l'étude comme un témoignage honorable du devoir accompli. *On n'est pas en droit de l'exiger;* et pourtant ce n'est pas une faveur gratuite. S'il en était ainsi, si la récompense était une faveur, l'enfant pourrait l'accepter dans tous les cas. Si elle est un témoignage, la justice lui fait au contraire un devoir de la refuser quand il sait ne l'avoir pas méritée.

Un travail mérite rémunération, mais un acte moral ne doit être récompensé que par l'estime. Voilà pourquoi, dans notre récit, le maître ne donne pas de récompense à l'enfant qui a fait à sa conscience le sacrifice de son désir, et s'en tient à une marque d'affection et d'estime.

XV. Au coin d'un champ.

L'enfant de la ville aurait besoin de se rapprocher de la nature, de respirer l'air libre des champs, d'exercer la souplesse et la vigueur de ses membres, d'apprendre à devenir ingénieux et à se suffire à lui-même. Les inconvénients d'une civilisation incomplète, et déviée à certains égards, pèsent sur lui. La vie que cette civilisation lui fait dans les villes est à la fois trop facile, et artificielle. Par contre, l'enfant des champs, privé de tout, s'endort forcément dans l'ignorance et l'apathie; il aurait besoin d'exercer davantage son esprit, d'entrer plus souvent en relation avec ceux qui pensent; sa vie, à lui, est matérielle et isolée. Il faudrait qu'il y eût plus de rapports entre les villes et les champs. Les enfants et les hommes eux-mêmes y gagneraient plus qu'ils ne pensent. L'instituteur du village doit être, au milieu des hommes qui l'entourent, comme le représentant et le *travailleur* du progrès. Il doit s'efforcer de faire pénétrer la lumière de la civilisation tout en en laissant ignorer les vices.

Nous devons nous enseigner réciproquement ce que nous savons. — Celui-là même qui en sait moins que nous a néanmoins des choses à nous apprendre.

Utilité de connaître les travaux des champs, trop ignorés au sein des villes.

Excellence de la lecture; plaisirs et avantages que nous lui devons.

XVI. La fête de grand'mère.

Il n'y a aucune réflexion à ajouter à l'impression que doit produire sur le cœur de l'enfant cette esquisse de pur sentiment. Le sentiment s'éprouve et n'a pas besoin de commentaire.

XVII. Repentir tardif.

Ce récit est une légende.

Le repentir efface la faute autant qu'elle peut être effacée, sans pourtant en empêcher les résultats.

Le repentir de la faute, pour la faute elle-même, est un acte de la conscience. Le regret du chagrin causé à autrui est un sentiment du cœur. Le repentir réhabilite le coupable devant sa conscience; le pardon de l'être offensé peut seul consoler le cœur. — Comment une mère pardonne.

XVIII. L'homme noir de la forêt.

Ce récit est partagé en trois parties. La première est une introduction; la seconde a pour sujet le bois; la troisième, le charbon.

La première partie débute par un récit présenté sous une forme fantastique, et pourtant ne contient

que des faits réels, ainsi que le prouvera la suite de
l'histoire. Nous avons voulu faire sentir par là que le
merveilleux n'est jamais que le naturel présenté d'une
manière obscure ou inexate. Notre but est d'apprendre aux enfants à se dire, en présence d'un récit
fantastique capable d'effrayer ou de séduire leur imagination : « Ou cette chose est fausse, ou elle a une
explication naturelle. » Dans les mythologies et les
traditions merveilleuses des peuples, dans les causes
des nombreuses superstitions qui existent encore aujourd'hui, il y a beaucoup plus de réalités défigurées
et d'allégories prises au sens propre, qu'il n'y a de
fables inventées de toutes pièces.

Remarquons encore que ce petit conte ne renferme
aucun fait qui soit tout d'abord matériellement impossible.

Le père, en conduisant ses enfants dans la forêt, a
l'intention de leur faire faire les réflexions que nous
venons d'indiquer. Il veut en outre leur faire observer
la forêt avec quelques détails, ainsi que les procédés d'exploitation du bois et la fabrication du charbon.

Complétez oralement, et développez la description
de la forêt.

Détails sur l'exploitation du bois. Usage des outils
du bûcheron et du charpentier. Montrez ou dessinez
la hache, la scie. Faites remarquer comment les dents
de la scie agissent chacune sur une petite partie du
bois, et en divisent chacune une parcelle.

Usage des planches. Diverses essences d'arbres ;
planches de sapin, de chêne, de châtaignier, de hê-

tre, etc. Bois exotiques, précieux par leur beauté ou leurs qualités; leurs divers usages.

Outils du charpentier : cordeau, règle, équerre, ciseau, gouge, maillet, tarière, etc.

Montrez ou dessinez chaque objet en en expliquant l'usage.

Bois à brûler, bûches, fagots, bourrées.

Fabrication du charbon. La théorie des phénomènes qui se passent dans la fabrication du charbon est très-complexe. Nous pouvons, pour le moment, présenter le charbon à l'enfant comme le résidu d'une combustion incomplète.

Dans la meule de charbon, une petite partie du bois entassé brûle; la chaleur qu'elle produit en brûlant suffit pour *décomposer* les parties voisines, faire dégager l'eau (humidité et séve) contenue dans le bois; puis extraire de la substance même du bois certaines parties qui prennent la forme de gaz et de vapeurs plus ou moins combustibles, assez analogues à notre gaz d'éclairage. Quand ces gaz combustibles s'allument en se dégageant à travers les fissures du revêtement de terre qui recouvre la meule de charbon, il se produit des jets subits de flammes vacillantes; mais on évite cet effet le plus possible, il est le signe d'une opération mal conduite.

La meule est composée d'une première assise de branches plantées à peu près verticalement, un peu appuyées cependant les unes sur les autres; au-dessus, un second rang semblable, un peu plus oblique; enfin, un troisième étage est disposé en forme de toit. L'ensemble, revêtu de terre humectée dressée à la pelle, et de plaques de gazon, offre la forme d'un dôme légèrement aplati.

Une fois la meule construite, le feu est allumé au centre, à l'aide d'un conduit en forme de cheminée ménagé pour cet objet. Quand le feu est suffisamment allumé, et a pris une certaine activité, on bouche la cheminée. Si le revêtement empêchait absolument l'air de pénétrer, le feu serait étouffé, il s'éteindrait. Pour éviter cet accident on a ménagé, au pied de la meule, de petites ouvertures qui permettent à l'air d'arriver, mais lentement et avec difficulté, de telle sorte que la combustion, sans être arrêtée, soit entravée et incomplète. Pendant l'opération, on perce d'autres petites ouvertures qui permettent aux vapeurs et aux gaz produits par la combustion de se dégager. Les ouvertures sont percées d'abord vers le haut de la meule. A mesure que l'opération avance, on en perce de nouveaux sur le contour, toujours de plus en plus bas. Quand on est arrivé ainsi jusqu'au pied de la meule, la *carbonisation* est achevée. La meule s'est considérablement affaissée. On étouffe alors le feu en recouvrant le tout de terre humide, puis on laisse refroidir. L'ensemble de l'opération dure plusieurs jours, plus ou moins, suivant le volume de la meule. La hauteur des meules varie entre 3 et 6 mètres.

Ce récit, accompagné de commentaires et développements oraux, contient la matière de plusieurs leçons.

XIX. Le puits.

L'eau des pluies, aussi bien que celle qui provient de la fusion des neiges, ne se rend pas en totalité, suivant la déclivité du sol, au ruisseau, à la rivière, et de là au fleuve et à la mer. Une partie considérable pénètre dans le sol lui-même. La terre sablonneuse, spongieuse, en demeure imprégnée, et ce qu'elle ne retient pas traverse lentement ses couches, en descendant de plus en plus par l'effet de la pesanteur. Arrivée au sous-sol, l'eau s'infiltre à travers les joints des roches, puis se réunit dans son trajet souterrain, goutte à goutte, et forme un filet d'eau qui se fraie un passage ou canal tortueux. Il arrive souvent que ce canal irrégulier ramène l'eau à la surface du sol, à la condition, bien entendu, que son issue se trouve *au-dessous* du point d'infiltration, de telle sorte que l'eau y parvienne *en descendant*. Cette issue, c'est la source. Voilà pourquoi les sources se rencontrent le plus ordinairement dans les vallées : l'eau infiltrée sur des points élevés vient, en suivant les pentes, sourdre au bas des versants.

Mais dans le plus grand nombre des cas, notamment dans les pays de plaines, là où il n'y a pas de points élevés, l'eau infiltrée dans le terrain et dans les fissures de la roche qui forme le sous-sol ne peut reparaître à la surface sous forme de source, parce qu'il lui faudrait pour cela *remonter*, et que l'eau ne peut remonter d'elle-même. Il faut donc l'aller chercher là où elle se trouve. On creuse la terre jusqu'aux profondeurs où l'eau est descendue, et l'on y construit un *puits* plus ou moins grand dans lequel elle s'amasse.

Les sources jaillissantes et les *puits artésiens*, d'où l'eau s'élance en *remontant*, semblent en contradiction avec cette théorie, mais la contradiction n'est qu'apparente. L'eau des sources jaillissantes et des puits artésiens vient de lieux très-élevés ; elle suit des

Coupe théorique d'un puits artésien, montrant les sources inclinées jusqu'au point où le forage vient ouvrir une issue à l'eau, qui s'élance alors jusqu'à la hauteur de son point de départ.

trajets souterrains quelquefois extrêmement longs. Si, alors, un conduit naturel ou artificiel vient à lui donner issue, cette eau, pressée par celle qui remplit la partie supérieure de son canal souterrain, jaillit au dehors par le puits artésien, et s'élance jusqu'à la hauteur de son point de départ ou réservoir supérieur. Aussi les puits artésiens ne peuvent donner de résultats que dans les bassins au-dessous desquels existent des couches très-largement étendues, amenant les eaux prises dans les parties élevées du versant des montagnes qui entourent le bassin. C'est ce qui a lieu, par exemple, dans le bassin de l'Ile-de-France et de l'*Artois*, dont on a donné le nom, en France, aux puits *artésiens*. Dans les terrains qui n'ont pas cette disposition spéciale, en Bretagne, par exemple, on voudrait en vain creuser des puits artésiens, l'eau, faute de pression en haut, ne jaillirait pas.

Notre petite histoire est destinée à faire comprendre à l'enfant ce que c'est qu'une source et un puits; nous n'allons pas loin en fait de théorie. Nous pensons qu'une partie de nos lecteurs nous sauront gré d'avoir donné ici des renseignements un peu plus étendus sur la matière, notamment en ce qui touche aux puits artésiens, devenus très-célèbres dans ces derniers temps.

XX. — La mine.

Cette *histoire explicative*, destinée à compléter la description des faits résumés dans le paragraphe intitulé *la Mine* (Histoire naturelle, Règne minéral), devra être lue après ce paragraphe. Pour ne pas faire double emploi, nous renvoyons nos lecteurs au paragraphe correspondant du Manuel (Histoire naturelle, ci-après), où ils trouveront tous les renseignements nécessaires pour achever le tableau et développer les explications que notre texte classique et notre *récit explicatif*, se complétant l'un l'autre, ont présentées chacun à un point de vue différent.

CHAPITRE II.

NOTIONS PRÉLIMINAIRES A L'ÉTUDE DE LA GRAMMAIRE.

DIFFICULTÉS DE LA LECTURE.

Quoique nous ayons dû placer dans le livre de l'é-
lève, après les petites lectures, et comme initiation à
la grammaire, les quelques pages intitulées : *Difficultés de la lecture*, ces exercices n'en doivent pas
moins commencer dès les premiers mois de l'année,
simultanément avec les petites lectures.

En donnant à l'élève les exercices complémentaires
de la méthode de lecture (première année) nous ne
nous sommes pas proposé de lui faire connaître toutes
les exceptions ou anomalies qui rendent si complexe
l'apprentissage de la lecture. Nous avons seulement
recueilli celles qui se présentent le plus fréquemment
dans la lecture courante. Les autres seront enseignées
par l'usage. — Faisons encore remarquer que nous
avons écarté de ces exercices les difficultés qui tiennent seulement à la *nullité* de certaines lettres, l'enfant devant être déjà familiarisé avec les lettres nulles

Parmi les mots que nous avons donnés comme exemples, un certain nombre se sont déjà présentés dans la lecture courante ; nous les avons néanmoins conservés, d'abord pour compléter la liste des mots usuels offrant une même difficulté, puis afin qu'ils servent de terme de comparaison pour expliquer les cas analogues.

LETTRE SUPPLÉMENTAIRE.

W w.

Cette lettre n'appartient pas en propre à notre alphabet : elle ne se présente donc que dans les mots empruntés à deux langues étrangères : l'anglais et l'allemand. L'anglais prononce le w comme nous prononçons *ou* dans ouate : l'allemand ne représente par ce même caractère que la simple articulation v. Il est donc naturel que nous prononçions w comme v simple dans les mots qui nous viennent de l'allemand, et comme *ou* dans les mots empruntés à l'anglais. — Parmi ces derniers, le nom commun *wagon* (avec la prononciation de vagon), maintenant naturalisé français, est à peu près le seul que nos petits élèves rencontreront d'ici longtemps. Ils remarqueront en outre le w dans des noms propres d'origine étrangère : William, nom anglais, prononcé ouiliam ; Wilhelm, prononcé Vilhelm, nom allemand ; tous deux traduits en français par le nom de Guillaume. Walter (pour Valter), nom allemand, etc.

SONS SIMPLES.

aon se prononçant an.

Deux mots d'usage nous ont décidés à faire connaître aux enfants cette exception. Les féminins *faonne,
paonne,* se prononcent comme le masculin : *fanne,
panne.*

um se prononçant omme.

Presque tous les mots offrant cette exception sont
des mots latins, ils ont retenu la prononciation des
terminaisons latines en *um.*

e se prononçant a.

Le mot *femme* est dejà connu de l'enfant. Faites
composer une phrase avec le mot *solennité,* quand
l'enfant l'aura lu.

ARTICULATIONS SIMPLES.

g adouci par e devant o, a.

Dans quelques noms, dont nous donnons les plus
usités, et dans certaines personnes du temps des verbes de la première conjugaison en *ger,* on adoucit la
prononciation du g par l'introduction d'un e muet. Ce
cas se présente donc assez fréquemment pour mériter
que nous le fassions connaître à nos petits élèves.

qu se prononçant cou.

Beaucoup d'autres mots techniques, peu usités, se

joignent à ceux que nous avons jugé à propos de citer comme exemple.

h aspiré.

Apprenez à l'enfant à faire sentir le petit effort de voix qu'on appelle aspiration. Faites-lui faire des phrases avec les mots cités dans la liste. Faites remarquer que l'h, dans le corps d'un mot, tout en étant nul (ou légèrement aspiré), empêche les deux lettres qu'il sépare de former un *groupe*, et les désunit dans la prononciation. Ainsi dans le mot *cohorte*, et autres semblables, les deux o doivent se prononcer séparément. Leur séparation ne tient pas absolument à la présence de l'h : les deux o se prononceraient séparément, si le mot était écrit *coorte;* mais dans les mots *trahir, bahut, cohue, cahier,* l'h en séparant les deux lettres a i, a u, o u, les empêche de former un groupe qui représenterait alors les sons *è o ou.* Sans l'h, ces mots *trahir, bahut, cohue, cahier,* se prononceraient *trèr, bô, cou, kèé.*

ch se prononçant k.

Dans un nombre très-considérable de mots, ch se prononce k. On n'en peut pas donner de règle fixe, l'usage seul a décidé en cette matière. De là viennent les anomalies les plus singulières. Ainsi on prononce archevêque, et arkiépiscopal, catéchisme et catékumène, chirurgie et kiromancie, au mépris des lois de l'analogie et de la dérivation. En général *ch* se prononce *k* dans les mots latins et grecs introduits dans la langue française.

Il mouillé à la fin des mots.

Ill non mouillé.

Ces prononciations sont communes à un très-grand nombre de mots. Faites former des phrases avec les mots cités comme exemple.

ARTICULATIONS COMPOSÉES
et mots rendus difficiles par leur orthographe.

Nous avons résumé dans cet exercice quelques groupes de lettres compliqués que l'enfant a peine à saisir. Les mots que nous citons comme exemple n'ont en eux-mêmes rien qui nous presse de les faire connaître; mais ils fournissent l'occasion d'habituer l'élève à décomposer les groupes tels que : sph, spl, scr, sch, qui se rencontrent dans la lecture courante.

PONCTUATION.

Enseignez aux enfants la valeur et l'usage des signes de ponctuation, et des signes accessoires tels que parenthèse, guillemets, trait d'union, etc. Faites rigoureusement observer, dans la lecture, les choses indiquées par ces signes.

CHAPITRE III.

GRAMMAIRE.

Observations préliminaires.

Les formes du langage parlé ou écrit ne sont que l'expression des rapports que notre jugement découvre entre les objets que perçoivent nos sens, et les idées que cette perception nous suggère. La langue elle-même est une expression de la logique universelle, modifiée suivant le tempérament, le caractère moral, la manière de comprendre et de procéder de chaque race, de chaque peuple et de chaque époque. Le langage est donc une *conséquence* des opérations de notre entendement. Il faut nécessairement penser avant de parler. Il faut donc voir clair dans sa pensée avant d'analyser la formule de la phrase par laquelle on l'exprime. Les mots doivent être groupés suivant un certain ordre, auquel président sans doute des règles traditionnelles, mais qui est avant tout soumis à la logique naturelle de la perception, origine de l'idée à exprimer. Les mots en outre, certains mots du moins, subissent dans leur forme, dans leurs éléments phoniques et graphiques, des modifications diverses, non pas, comme on l'a dit trop souvent, selon les rapports qu'ils ont entre eux, mais suivant les rapports qu'ont entre elles les idées que ces mots représentent. Tout, dans le langage, est donc subordonné à l'idée; c'est elle qui impose ses lois. Les mots, en dehors de l'idée, n'ont pas de *vitalité propre*, qu'on nous permette cette expression métaphorique facile à comprendre. L'idée est l'*âme* : le mot est le corps. Le mot *vivant*, pour ainsi dire, c'est l'expression considérée à la fois dans sa forme et dans l'idée qui s'y trouve incluse. Nous pouvons, ici comme ailleurs, nous devons même en certaines occasions, procéder par abstraction, et considérer les syllabes du mot indépendamment de l'idée que ce mot représente; alors nous faisons de l'anatomie, nous disséquons des *syllabes mortes*. Mais quand nous considérons les mots jouant leur rôle dans la phrase, il ne nous est plus permis de les considérer comme des formes sans vie. L'idée les anime. Ainsi, quand nous disons *qu'un mot se rapporte à un autre mot*, que tel verbe donné veut après lui telle préposition, qu'un temps d'un verbe commande un mode d'un autre verbe, nous parlons par abréviation, et ne sommes pas dupes de ces formules *elliptiques*. C'est l'idée qui se rapporte à l'idée; c'est l'idée exprimée par un verbe qui entraîne, comme conséquence nécessaire, une relation de pensée, dont le signe est telle ou telle préposition. C'est l'idée d'une époque déterminée, unie à celle qu'exprime le premier verbe, qui nécessite la relation que le mode du second verbe exprime. Il est inutile de multiplier indéfiniment les exemples ; nous croyons en avoir dit assez pour être compris. On nous accordera sans peine que les mots, par *eux-mêmes*, n'ont aucune action les uns sur les autres; qu'un mot ne *veut rien*, ne *gouverne rien*, que l'ordre des mots, les modifications diverses des mots variables, la forme de la phrase, ne dépendent que des relations qui existent entre les idées représentées par ces mots. Cela admis, allons aux conséquences.

La première, c'est que, pour analyser une forme de langage, il faut d'abord analyser la pensée qu'elle exprime; en d'autres termes, il faut qu'une analyse *logique*, c'est-à-dire l'analyse des idées et de leurs rapports, précède l'analyse grammaticale proprement dite, celle qui a pour objet l'étude de la forme des mots et de la contexture de la phrase.

La seconde conséquence, c'est qu'il faut procéder de la même manière dans l'enseignement que nous donnons à l'enfance.

Les enfants ont une certaine logique naïve. Ils pensent beaucoup, et s'inquiètent peu de la forme qu'ils donnent à l'expression de leurs idées : de là ces tournures de phrases si spontanées, parfois si poétiques malgré leur incorrection. De là aussi la répugnance que la plupart des enfants éprouvent pour l'étude de la grammaire : il est difficile d'attirer *sur les mots* leur attention mobile, que la curiosité *des choses* appelle ailleurs. Pourtant il faut que l'enfant apprenne la grammaire, non-seulement parce qu'il a de bonne heure besoin de connaître sa langue, mais encore et surtout parce que la grammaire, bien enseignée, est un des meilleurs moyens d'exercer l'intelligence et d'éclairer le jugement. Non-seulement la logique naturelle ordonne de faire précéder l'étude des règles grammaticales par l'analyse des rapports entre les idées ; mais encore au point de vue de l'exercice des facultés, au point de vue pédagogique, en un mot, cette manière de procéder est la seule rationnelle.

Pourquoi donc une marche diamétralement opposée est-elle presque partout en vigueur? Pourquoi voyons-nous appliquer presque partout la règle empirique, la formule sans raisonnement, l'analyse des mots et des groupes de mots, sans préoccupation des idées et de leurs relations? Pourquoi le *mécanisme* règne-t-il en maître dans la grammaire, qui est *la science supérieure des rapports des mots avec la pensée?*

Pour mieux nous faire comprendre, resserrons notre point de vue. Nous avons pour élève un petit enfant; nous allons d'abord lui faire remarquer qu'il pense quelque chose, et qu'il peut, en prononçant certains mots, nous dire ce qu'il pense. Nous prendrons ensuite parmi les différentes espèces de mots les plus indipensables, et nous les lui ferons connaître, soit d'une manière générale, en disant leur fonction de genre, de nombre, de temps; soit en lui faisant connaître les relations que les parties essentielles du discours ont entre elles, dans l'énoncé d'une phrase facilement accessible à son intelligence. Ce sera une première notion de *grammaire générale.* Cela fait, nous pourrons commencer à lui enseigner les modifications grammaticales que doivent subir les mots, toujours suivant les relations que les rapports d'idées établissent entre eux. Quand nous aurons graduellement habitué l'enfant à rapporter l'accessoire au principal, la qualité à l'être, et par conséquent le mot exprimant la qualité, la modalité, *l'adjectif* enfin, au mot désignant l'être, le substantif, le *nom*, vous pourrez lui dire : l'adjectif s'accorde en genre et en nombre avec le nom. Il se rendra compte alors du pourquoi de cette règle grammaticale. Si au contraire vous lui enseignez tout d'abord la formule, il n'y verra qu'une règle arbitraire, sans raison d'être : un e ou un s à coudre à la fin d'un mot, et, n'en connaissant pas la raison, il se perdra dans des hésitations sans fin.

C'est pourquoi nous n'abordons cette année ni les règles de la formation des pluriels, ni l'accord de l'adjectif en genre et en nombre, etc., etc.; mais nous préparons cet enseignement de telle sorte, que l'enfant n'aura plus l'année prochaine qu'à appliquer les règles alors rendues faciles, les difficultés lui ayant été préalablement aplanies par le raisonnement.

Il est d'ailleurs une autre raison qui eût suffi à elle seule pour nous déterminer à ne pas aborder, même en la réduisant aux termes les plus simples, la difficulté des modifications, les *flexions*, comme disent les grammairiens. Cette raison, c'est que, dans la plupart des cas, les variations dans notre langue sont surtout orthographiques; elles se font peu ou même ne se font pas sentir dans la prononciation. C'est seulement quand on écrit qu'il est indispensable de les connaître, et nos petits élèves commencent à peine à écrire. Nous avons donc du temps devant nous pour enseigner les désinences.

Nous avons placé avant les premiers éléments de grammaire quelques pages destinées à faire comprendre aux enfants le rôle réciproque des voyelles et des consonnes dans la formation des syllabes. Nous compléterons plus tard ces notions. Pour le moment nous devons nous borner aux notions complémentaires de l'étude de la lecture, afin de préparer l'enseignement de l'orthographe. Vouloir enseigner à l'enfant de quelles lettres doit se composer le mot écrit, sans lui avoir, au préalable, appris à faire l'analyse des éléments phoniques du mot parlé, c'est encore procéder d'une manière empirique, et n'avoir aucun égard à la succession logique des idées qui constitue la *méthode*.

———

PRINCIPES DE PHONÉTIQUE.

I, II et III. Les voyelles.

La parole se compose de sons articulés, auxquels on a fait correspondre certains signes graphiques représentant aux yeux les sons du langage. La parole est un acte physiologique ; elle se compose de sons émis et modifiés de diverses manières par l'ensemble de l'*appareil vocal.*

Les *sons,* proprement dits, sont produits dans le larynx par les *cordes vocales :* leur sonorité est modifiée par la disposition de la langue, des dents, des lèvres, etc. Chaque *son* ainsi modifié, et devenu distinct d'un autre son, est ce qu'on doit appeler rigoureusement : une *voyelle*.

Soyons ici en garde contre une expression qui prête à équivoque : on entend souvent dire : la lettre *a*, la lettre *e*, etc., sont des *voyelles*. Cela n'est pas exact. La *voyelle*, c'est le son; la lettre n'est que le signe qui représente le son, le signe de la voyelle. Nous l'appelons par abréviation *lettre-voyelle* ou même *voyelle* tout simplement; mais qu'il soit bien entendu que nous parlons alors par *ellipse*, et ne prenons pas le change sur l'acception des mots.

Il est si vrai que la *voyelle* consiste dans le *son émis*, et non dans la lettre qui le représente, que souvent une voyelle simple est représentée par plusieurs lettres-voyelles, comme **ou**, ou même par une lettre-voyelle accompagnée d'une lettre-consonne, comme **an, in**.

Nous emploierons donc le mot : *voyelle*, ainsi que le font les linguistes, comme synonyme du mot : *son*, entendu avec l'acception qu'on lui accorde dans les méthodes de lecture, par opposition à *articulation*.

Le son de l'**i** sera toujours pour nous *la voyelle* **i**, que ce son soit figuré par la lettre **i** ou par la lettre **y**. Le son **an** sera toujours pour nous la *voyelle nazale* **an**, qu'il soit représenté par un quelconque de ces groupes de lettres *an, en, am, em*, etc., etc.

Tout *son* distingué par l'ouïe d'un autre son vocal étant une voyelle différente, il s'ensuit qu'il y a, dans notre langue, beaucoup plus de *voyelles* qu'il n'y a de *lettres-voyelles*. Dans le sens le plus rigoureux de ce mot, nous trouvons en français vingt voyelles. D'abord sept *paires* de voyelles, ou groupes de deux voyelles sœurs pour ainsi dire, dont l'une est brève, dure, et l'autre est longue, douce, et comme *chantante*. C'est une opposition que nous pouvons assimiler à celle des consonnes *fortes* et des consonnes *douces*. Comparons les sons de ces voyelles, en nous aidant de la prononciation bien connue de certains mots où elles se rencontrent :

CLASSIFICATION MODERNE DES SONS VOYELLES.

1re *paire.*

a bref, exemple : *patte.* — a long, exemple : *pâté.*

2e *paire.*

e (sonore) bref, ex. : *jet.* — e (sonore) long, ex. : *fête.*

3e *paire.*

i bref, ex. : *lime.* — i long, ex. : *abîme.*

4e *paire.*

o bref, ex. : *poli.* — o long, ex. : *pôle.*

5e *paire.*

ou bref, ex. : *route.* — ou long, ex. : *croûte.*

6e *paire.*

u bref, ex. : *butte.* — u long, ex. : *flûte.*

7e *paire.*

eu bref, ex. : *seul*; e sourd dans *je, le*, etc., — œu long et ouvert, ex. : *sœur.*

Les deux voyelles de chacune de ces paires différant peu entre elles, nous pouvons, pour simplifier, les considérer dans la pratique comme étant pour ainsi dire les deux nuances d'une même voyelle, les deux manières de *chanter* un même son. Car, ne l'oublions pas, la parole est un son musical, un chant modulé, quoique assez monotone et sans gamme fixe.

Puis viennent les sons-voyelles suivants :

é (e fermé ou aigu), ex. : *aimé.*

eu bref et aigu, ex. : *jeu.*

Enfin les quatre voyelles nazales :

an, in, on, un.

Nous ne donnons à l'enfant qu'une liste très-simplifiée des voyelles, parce qu'ainsi réduite elle lui peut suffire. Si nous indiquons à l'élève d'une manière sommaire l'action des organes vocaux dans l'émission de chaque voyelle, c'est surtout afin d'offrir aux maîtres l'occasion de redresser des vices de prononciation. Pour obtenir ce résultat, les voyelles devront être prononcées avec attention, et, s'il le faut, avec insistance, dans le cas où une défectuosité de prononciation, individuelle ou locale, serait à corriger. Ce cas est fréquent dans les pays qui ont un accent prononcé.

Nous avons donné au tableau des huit premières voyelles la forme d'un angle, au sommet duquel est la lettre *a.* Cette disposition nous permet de faire-remarquer qu'à partir de *a* le son se modifie suivant deux gradations diverses, l'une aboutissant à *i* et ayant *è*, *é*, pour degrés intermédiaires ; l'autre aboutissant à *u*, et ayant pour intermédiaires *o*, *ou*. Prononcez successivement, et en *liant* les sons, les deux séries *a-è-é-i* et *a-o-ou-u* : vous sentirez parfaitement et la nuance successive des sons, et la progression dans la disposition des organes vocaux, en particulier de la langue et des lèvres. Chacune de ces deux séries de sons est pour ainsi dire une *famille* de voyelles, ayant toutes deux *a* pour point de départ.

Ce classement n'a en ce moment, pour nos petits élèves, d'autre valeur que celle d'une disposition *mnémonique*, mais dans l'histoire de notre langue cette gradation des sons a une valeur capitale : nous y rattacherons plus tard l'explication de faits d'une importance majeure. La voyelle **a**, la plus sonore, la plus pleine, la plus facile à prononcer, est le son émis, sortant librement par la bouche bien ouverte. Non-seulement c'est le premier que le petit enfant prononce, mais c'est aussi la voyelle favorite du langage primitif, du moins à l'origine commune de cet immense ensemble de langues qui comprend (à l'exception d'un petit nombre d'idiomes) toutes les langues de l'Europe et de l'Inde [1].

Faites constater à l'enfant la disposition des organes dans l'émission des voyelles (y compris les voyelles nasales), en développant, s'il est nécessaire, ce que nous en avons dit.

1. Nous indiquons ici quelques ouvrages français où ceux de nos lecteurs qui désireraient acquérir une érudition plus étendue

Les sons composés, souvent désignés sous le nom grec de *diphthongues*, ne sont que l'émission successive, sans intervalle, sans hiatus, l'émission *liée*, *coulée*, comme on dit en musique, de deux ou plusieurs sons. Le mot *diphthongue*, comme l'expression de *sons composés* (double son), ne doit désigner que des groupes de sons liés, réellement *composés* de sons distincts. **ia, ié, oi, oui, ion, oin** sont des *diphthongues*, ainsi que **ai** dans *ail*, *travail*; **oi** dans *oie*, *toi*, puisqu'il se prononce *oa* ou *oua*, etc.

Mais l'**ai** de *mais* n'est pas une diphthongue : c'est la voyelle simple **è**, représentée par deux lettres ; de de même pour **au** et **eu** dans *auteur*. Quant à la voyelle **ou**, nous en avons déjà parlé.

LISTE DES SONS COMPOSÉS LES PLUS EMPLOYÉS EN FRANÇAIS
AVEC LES GROUPES DE LETTRES QUI LES REPRÉSENTENT.

ai (ay) *ail.*	**oui** *oui.*
ei (ey) *bouteille.*	**ué** *tué.*
ia (ya) *diamant.*	**ui** *lui.*
ié (yè) *pied.*	**ian** *liant.*
ie (yé) *pierre.*	**iam** *l'ambe.*
ieu (you) *lieu.*	**yan** *ayant.*

trouveront la confirmation de ce que nous disons ici, avec les développements les plus intéressants.

M. H. Chavée. — *La part des femmes dans l'enseignement de la langue.* PARIS, Truchy.

— *Français et Wallon.* BRUXELLES.

— *Lexicologie Indo-Européenne. Id.*

M. G. F. Eichhoff. *Grammaire générale Indo-Européenne.* PARIS, Maisonneuve.

M. Caix de St-Aymour. — *Le latin étudié dans l'unité aryaque.* PARIS, Hachette et C°.

La Question de l'Enseignement des Langues. PARIS, Dentu.

<table>
<tr><td>iou (you).</td><td>ien rien.</td></tr>
<tr><td>oi moi.</td><td>iem.</td></tr>
<tr><td>oua ouate.</td><td>yen païen.</td></tr>
<tr><td>oè poète.</td><td>ion pion.</td></tr>
<tr><td>oë Noël.</td><td>iom.</td></tr>
<tr><td>eui treuil.</td><td>iun.</td></tr>
<tr><td>oué roué.</td><td>ium.</td></tr>
<tr><td>ouè.</td><td></td></tr>
</table>

IV, V et VI. Les consonnes.

Certaines *lettres* ne sont pas plus des *consonnes* que certaines autres ne sont des voyelles. La *consonne*, c'est l'articulation elle-même, l'articulation telle que la bouche l'émet et que l'oreille la perçoit. La lettre n'est encore ici que le *signe* représentant la consonne. Cependant on l'appelle lettre-consonne, ou simplement *consonne*, par abréviation.

Les consonnes que notre bouche articule sont si bien distinctes des lettres par lesquelles notre écriture les représente, que l'articulation *s...*, par exemple, est tantôt représentée par la lettre *s*, tantôt par la lettre *t*, et que la lettre *s*, par contre, représente tantôt l'articulation *s*, tantôt l'articulation *z*, tantôt ne représente rien du tout (comme prononciation), et marque simplement le pluriel[1].

L'articulation, la consonne, produite par les organes vocaux, accompagne ordinairement le *son* d'une

---

1. L's marque aussi la 2ᵉ personne de certains verbes : tu aimes, tu ris, etc., etc.; d'autres fois des rapports très-différents; d'autres fois enfin appartient à divers titres à l'orthographe étymologique du mot : bois, pays, poids, pas, tas, très, mois, corps, moins, et n'en est pas moins nulle comme prononciation, *ne représentant plus* RIEN *en fait de son.*

voyelle, et est étroitement liée avec elle. Nous disons accompagne *ordinairement* la voyelle, mais la consonne n'est pas absolument astreinte à précéder ou à suivre une voyelle. Nous pouvons fort bien produire isolément certaines consonnes, le sifflement de l's, le souffle de l'*f*, le roulement de l'*r*, etc.

Voici la classification des consonnes de notre langue (représentées par des lettres) telle qu'elle est établie par la linguistique moderne.

Le premier groupe contient les *explosives*, c'est-à-dire les consonnes produites par l'explosion du souffle comprimé, auquel le passage est livré tout à coup. Les *explosives* se distinguent en trois couples ou *paires*, suivant l'organe qui participe à leur formation :

1° La *paire* des explosives des lèvres, ou *explosives labiales*, P B ;

2° La paire des explosives des dents, ou *explosives dentales*, T D ;

3° La paire des explosives du gosier, ou *explosives gutturales* K[1] G.

Dans chacune de ces *paires*, la première consonne est forte, nettement explosive : la seconde est faible et accompagnée comme d'un petit murmure. On les distingue par l'expression, depuis longtemps en usage, de *fortes* et de *douces*.

Le deuxième groupe est celui des consonnes produisant un bruit de souffle, plus ou moins sifflant :

---

1. K, et c dur, q, qu, et g dur.

il contient aussi trois paires, distinguées encore par le nom de l'organe qui concourt à leur production. Ce sont :

1° La paire des *sifflantes dentales*, S Z ;

2° La paire des *soufflantes labiales*, F V ;

3° La paire des *soufflantes palatales* (du palais), CH J.

Les deux consonnes de chacune de ces trois paires se distinguent aussi en *fortes* et en *douces*.

Le troisième groupe comprend les *nasales*, distinguées toujours d'après le principe de leur formation :

1° M, la *nasale labiale*;

2° N, la *nasale dentale*;

3° GN la *nasale palatale*.

Enfin le quatrième groupe comprend la vibrante R, produite par la *vibration* de la langue, et la liquide L, légèrement tremblotante ; l'L doit être considérée comme un adoucissement, un affaiblissement de l'R, ainsi que le prouve l'histoire des origines de notre langue. Remarquez que les personnes qui ne peuvent rendre la vibration nette, énergique de l'R, lui donnent le son affaibli de l'L ; de même que les personnes qui n'arrivent pas à rendre le son fortement sifflant de l'S le remplacent par le son adouci du Z[1].

---

1. Faisons encore remarquer que nous donnons, dans certains mots, au son *ou*, une valeur analogue à celle du W anglais, et

L'H n'est ni une voyelle, ni une consonne[1]. C'est un signe qui tantôt n'a pas de valeur phonique (H muet), tantôt est un signe d'*hiatus*, c'est-à-dire de *non-liaison* entre deux voyelles, accompagné d'une *aspiration* plus ou moins sentie (H aspiré).

Le signe X est une lettre-double, c'est-à-dire représentant à la fois deux *consonnes* K....S (X fort), ou G....Z (X adouci).

Qu'on nous pardonne d'avoir insisté sur la classification des voyelles et des consonnes. Nous l'avons fait parce que les maîtres et maîtresses doivent être mis au courant des résultats que la linguistique a obtenus en cette matière; il serait injuste de les laisser en arrière sur leur propre terrain, et de leur laisser répéter certaines formules vieillies, quand des recherches plus approfondies ont démontré qu'elles contenaient des erreurs, ou tout au moins des équivoques. D'ailleurs les rapports de *parenté* qui existent entre les sons et entre les articulations sont d'une haute importance pour l'histoire de notre langue; et si les personnes étrangères à l'enseignement peuvent les ignorer sans inconvénient, l'instituteur doit ap-

aussi rapprochée, si ce n'est plus, de la consonne que de la voyelle; de même nous faisons entendre en certains mots, après l'i pleinement voyelle, une sorte d'i mouillé, qui tient aussi de la consonne. Vous pouvez le constater en prononçant les mots :

ouatte , que nous prononçons, comme en anglais : *watte*.

il y a, que nous prononçons *il i (ill) a*.

Ces sons ainsi modifiés, et devenus presque des consonnes, sont souvent appelées *demi-voyelles* ou *demi-consonnes*.

1. C'est un débris de consonnes aspirées, tombées en désuétude depuis un grand nombre de siècles.

profondir davantage l'étude de la langue qu'il enseigne.

Nous nous contentons, pour le moment, de faire distinguer les consonnes des voyelles, sans entrer dans des distinctions plus subtiles. Cependant, si l'instituteur a dans sa classe des enfants affectés d'un vice de prononciation à l'égard de certaines consonnes, il devra insister sur la position à donner aux organes dans l'articulation de ces consonnes; les indications ci-dessus, et sa propre expérience, lui en fourniront les moyens.

Faites relire rapidement la liste des mots à articulations doubles et triples (*Méthode de lecture*, 1re année; — *Difficultés de la lecture*, 2e année); faites-les décomposer en articulations simples, et veillez à ce qu'elles soient prononcées aussi nettement que possible.

VII. La syllabe.

N'est-il pas étonnant qu'une chose aussi simple dans la définition qu'une syllabe rencontre dans la pratique des difficultés réelles? Dans un très-grand nombre de mots il y a indécision sur la division des syllabes. L'instituteur écartera soigneusement ces cas équivoques, et s'en tiendra, dans les exemples et exercices, aux mots qui ne soulèvent aucune difficulté. Du reste, s'il est nécessaire de connaître les principes généraux de la formation de la syllabe, le dénombrement des syllabes de certains mots exceptionnels serait parfaitement oiseux. Ce n'est que quand il s'agit de poésie qu'il y a lieu de s'en préoccuper. En général ce sont les groupes de voyelles dits *sons composés* qui soulèvent la difficulté, parce que certains de ces groupes doivent être plus ou moins coulés, de manière à constituer une syllabe ou deux. Ainsi le mot *chien* est bien d'une seule syllabe, témoin le fameux vers de Racine :

Que les *chiens* dévorants se disputaient entre eux.
1 2 3 4 5 6 7 8 9 10 11 12

Et le mot *lien* forme deux syllabes, *li-en*, dans ce vers de Lamartine :

Cherche enfin à briser ses *li-ens* flétrissants.
1 * 2 3 4 5 6 7 8 9 10 11 12

Certains autres mots peuvent entrer dans le vers pour une ou pour deux syllabes, à la volonté du poëte.

La syllabe absolument muette, ou dont l'articulation seule sonne, comme à la fin des mots : *base, carte*, ne devrait pas, à la rigueur, compter pour une syllabe, puisque ordinairement on ne la prononce pas. Néanmoins, dans la versification on donne à ces syllabes le son sourd de l'*e* muet, comme dans *je, te, le*, et une valeur dans le vers, lorsque le mot qui suit commence par une consonne.

Si au contraire le mot commence par une voyelle, la syllabe muette *s'élide ;* elle ne compte pas dans la mesure du vers, et l'articulation qui la précède se lie à la voyelle initiale du mot suivant. Les deux cas se rencontrent à la fois dans ce vers de Corneille :

Père barbare, achève, achève ton ouvrage.
 1 2   3 4 » 5 6 »   7 8 9   10 11 12 »

Nous renvoyons aux traités de versification les lecteurs curieux de connaître en détail ces règles, parmi lesquelles il y en a d'arbitraires, imposées par le seul usage.

———

I. Le nom.

L'année dernière nous avons appris aux enfants à reconnaître le *nom* ou substantif ; mais nous ne leur avons donné pour exemples que des noms désignant des choses sensibles ; des êtres ou des choses ayant une existence matérielle. Il nous reste à étendre la notion du *nom*, à faire connaître à l'enfant qu'il existe des êtres et des choses que nos sens ne peuvent atteindre, dont notre raison seule atteste l'existence. Puis il y a les noms abstraits qui désignent des rapports, des qualités, des modes d'existence ; et ces modes, ces rapports, ont aussi des noms qui reviennent à chaque instant dans le discours.

Nous avons choisi pour exemple des noms dont la signification est familière aux enfants ; les maîtres devront multiplier les exemples, faire, comme toujours, composer des phrases par les enfants eux-mêmes, les leur faire analyser à ce point de vue, en tenant à l'écart tout mot dont la signification trop abstraite dépasserait la portée de leur âge.

Avant d'entrer en matière, disons encore ici que chaque paragraphe étant bien compris, les exemples et exercices achevés, les élèves passés à une autre matière, il faudra revenir de temps en temps sur les choses enseignées, soit à l'occasion d'exemples où d'autres règles sont appliquées, soit en toute autre circonstance favorable, de manière à ne pas laisser oublier ce qui a été appris. Cela est surtout nécessaire dans toutes les choses de raisonnement, mais s'applique plus spécialement à l'étude de la grammaire.

Nous ne disons rien cette année ni de l'*article*, ni du *genre* et du *nombre*, n'ayant pour le moment rien à ajouter à ce que nous avons dit l'année dernière. Les fonctions de *détermination* que remplit l'article sont encore au-dessus de la portée de nos petits élèves; quant au *genre* et au *nombre*, ce qui nous reste à dire nécessite la connaissance des désinences caractéristiques (formation du pluriel dans les noms, du féminin et du pluriel dans les adjectifs, accords du substantif et de l'adjectif, etc., etc.); nous sommes contraints, par les motifs exposés précédemment, de les ajourner encore. Mais si nous n'avons pas dû ajouter à notre texte des paragraphes qui n'eussent été qu'une répétition, l'instituteur n'en doit pas moins revenir sur ces matières, et exercer ses élèves par de nombreux exemples à distinguer le genre et le nombre, afin que les notions préliminaires données dans la première année, et qui sont comme des pierres d'attente posées en vue de ce que nous aurons à enseigner plus tard, ne soient pas oubliées, mais au contraire deviennent de plus en plus familières aux enfants.

II. Le pronom.

Définir le pronom « un mot qui tient la place du nom », c'est définir une chose par une circonstance de son emploi. Cela n'est pas inexact, mais c'est incomplet. Ainsi les pronoms personnels, relatifs, etc., etc., ont une autre fonction que de *tenir la place d'un nom*, une fonction que le nom lui-même, s'il était énoncé, ne remplirait pas. Le pronom, comme le nom, désigne l'être, la chose, le rapport, etc., mais il les désigne d'une autre manière. Nommer une chose, c'est la désigner par un mot caractéristique qui n'appartient qu'à cette chose ou à ses semblables, c'est la *définir*, dans un certain sens; car la science linguistique a démontré que tout substantif ou adjectif est une sorte de définition sommaire, tandis que *le pronom est un mot qui désigne l'être, la chose, par l'endroit qu'elle occupe ou par le rôle qu'elle joue*, sans la caractériser, sans la définir en aucune manière. Le pronom isolé, réduit à un rôle secondaire dans le mécanisme perfectionné du langage moderne, fut un mot d'une importance immense à l'origine. Nos langues, à l'époque lointaine de l'histoire où elles ont pris naissance, ne possédaient que deux espèces de mots, mots primitifs dont tous les autres sont formés : des *pro-*

noms (et non pas des noms) pour désigner les êtres et les choses ; et des *verbes* exprimant les actions. — Ajoutez à ces deux espèces de mots l'*interjection* (cri plutôt que mot rigoureusement dit), et vous aurez les trois seuls éléments dont notre langage se composait à son origine première [1].

III et suivants. L'adjectif et ses rapports.

Faire reconnaître à l'enfant le substantif auquel un adjectif se rapporte, c'est-à-dire la *substance*, être ou objet, auquel se rapporte l'*attribut*, tel est notre but dans ces petites leçons. C'est un exercice de raisonnement et de logique, un exercice de grammaire générale réduit à ce qu'il y a de plus naïvement élémentaire. Nous passons en revue les cas suivants, à commencer par les plus simples :

1° Un adjectif se rapportant à un seul substantif ;

2° Plusieurs adjectifs se rapportant à un même substantif ;

3° Un seul adjectif se rapportant à la fois à plusieurs substantifs ;

4° Distinction à établir entre plusieurs substantifs se rencontrant dans une même phrase ;

5° Sujet désigné par un *pronom*, auquel l'adjectif se rapporte.

1. M. H. Chavée. *Lexioologie Indo-Européenne.*

· Multipliez les exemples et exercices raisonnés ; faites construire par les enfants eux-mêmes des phrases simples, soit en proposant le substantif, et demandant une phrase contenant un qualificatif pour ce nom, soit en proposant l'adjectif, et demandant une phrase contenant un substantif auquel cette qualification s'applique. Commentez les phrases ainsi construites, tant au point de vue de l'expression grammaticale qu'au point de vue de l'idée, juste ou fausse, qu'elles expriment.

VII et suivants. Le verbe et les trois périodes de la durée.

L'année dernière nous avons donné aux enfants la première notion du verbe considéré comme exprimant l'*action*, sans nous préoccuper des circonstances de l'action. Nous devons maintenant lui faire comprendre la plus importante de ces circonstances : la place de l'action dans le temps ; en un mot, *les temps du verbe*. Pour les raisons que nous avons développées précédemment, nous remettons à l'année prochaine l'étude des formes de la conjugaison.

Donnons d'abord à l'enfant l'idée nette, et dans sa plus grande simplicité, des trois époques de la durée.

L'enfant vit sans se rendre compte du temps, sans le sentir passer. Il faut déjà faire appel à sa réflexion pour lui faire comprendre le passé par le souvenir, et l'avenir par l'expectative ; pour lui faire comprendre qu'à chaque période de temps écoulée succède une autre période qui peut être semblable en durée, mais

qui n'est pas la répétition de la même période; que
le jour succède au jour, et que chaque jour ne recom-
mence pas. Faire apprécier aux enfants ce moment fu-
gitif, simple transition entre le passé et l'avenir, que
nous appelons le *présent*, sera matière suffisante à
une bonne et fructueuse leçon.

La leçon suivante a pour but de faire comprendre à
l'élève que l'action exprimée par le verbe se rapporte à
l'une des trois périodes de la durée. Puis nous lui ferons distinguer si l'action exprimée par le verbe est
au présent, au passé ou au futur, nous bornant à ce
que la notion des *temps* a de plus simple, de plus absolu, et renvoyant à une autre époque l'étude des rapports et des nuances qu'expriment les différents temps
du verbe.

IX et suivants. Rapports du verbe.

Un verbe exprime une action. La personne ou la
chose qui est l'agent, la cause de l'action, qui a le
rôle *actif*, est appelée, logiquement, le *sujet;* le mot
qui désigne cette personne ou cette chose est appelé
le *sujet du verbe*. Mais l'action exprimée par le verbe
(transitif) a une autre relation encore, celle de la personne ou de la chose qui subit, qui reçoit l'action,
qui en est le but, qui a le rôle *passif*. Cette personne
ou cette chose est, logiquement, l'*objet* de l'action,
et le mot qui la désigne est appelé, grammaticalement,
le *régime* ou *complément* (direct) du verbe.[1] La dis-

1. Cette dénomination de *régime*, de même que celle de *complément*, dont le sens est trop étendu d'un côté, trop restreint de

tinction du sujet et de l'objet, de la cause et du but, de l'actif et du passif, est le grand fait qui domine tout le système du langage.

Enseignons d'abord aux enfants à discerner, par le raisonnement, le sujet de l'objet ou complément, dans des phrases simples. Nous suivrons ici la même progression que nous avons déjà suivie dans les *rapports de l'adjectif*, en procédant du simple au composé. Nous exercerons donc successivement les enfants sur les cas suivants, correspondant aux cas des relations de l'adjectif :

1° Un seul sujet se rapportant à un seul verbe ;

2° Un seul sujet se rapportant à plusieurs verbes ;

3° Plusieurs sujets (ou plutôt un sujet composé) se rapportant à un même verbe ;

4° Distinguer le sujet entre plusieurs substantifs énoncés dans une phrase.

5° Le sujet du verbe exprimé par un pronom.

Un mot seulement sur le paragraphe 13. Il est des cas où la distinction du sujet et de son complément tient à des considérations trop subtiles pour l'enfant, parce que le complément lui-même pourrait, avec une nuance de signification peu différente, servir de sujet au verbe. Ainsi, si nous proposions à un enfant cette phrase :

« La clarté de la lune nous éclaire, » clarté est le

l'autre, devraient bien disparaître de notre langage grammatical, avec le système vieilli auquel ils se rattachent.

sujet : c'est la clarté qui nous éclaire. Mais notre petit élève dira : c'est la lune aussi ! Dans cette construction de phrase le mot *lune* n'est pas sujet, mais il pourrait convenir pour sujet. Tandis que dans la phrase donnée pour exemple : « La roue du moulin tourne, » — l'enfant voit tout d'abord que ce n'est pas le moulin qui tourne, il n'y a pas de confusion possible.

En attendant que nos petits élèves puissent par le raisonnement de la phrase faire de telles distinctions, évitons tout ce qui pourrait faire équivoque, et choisissons nos exemples de telle sorte que le nom donné comme complément *déterminatif* ne soit pas de nature à pouvoir servir de sujet au verbe. Ceci nécessitera un choix préalable de phrases, avant la leçon.

Nous ne répéterons pas touchant le *régime* ce que nous venons de dire du *sujet :* toutes les considérations qui précèdent sont également applicables à l'un et à l'autre. Nous suivons encore exactement la même progression, en examinant successivement les cas suivants dans les paragraphes 15, 16, 17, 18 :

1° Un seul régime se rapportant à un seul verbe;

2° Un seul régime se rapportant à plusieurs verbes;

3° Plusieurs régimes se rapportant à un même verbe;

4° Distinction entre le régime et ses compléments déterminatifs;

5° Le pronom servant de régime.

XIX. Le verbe être.

Le plus important et le plus usité des verbes, celui qui revient à chaque parole, le verbe *être*, est plus difficile à reconnaître, pour un enfant, qu'un verbe exprimant une action plus nettement fortuite. Le verbe être, dans son acception primitive, signifie, à proprement parler, *vivre, faire les actions de la vie*, et s'applique, au sens propre, à l'être animé[1].

En se généralisant dans l'emploi, il a élargi son acception, et pris un sens, de plus en plus vague, d'affirmation de l'être et de ses attributs.

Faites reconnaître comme appartenant au verbe être les formes très-irrégulières de sa conjugaison. Faites comprendre qu'il exprime, suivant les cas, l'*existence* de l'être ou de la chose, et l'existence de l'attribut comme appartenant au sujet. Vous y arriverez facilement en diversifiant les exemples, et en vous servant de tours de phrases et de formules explicatives, analogues à celles dont nous nous sommes servis nous-mêmes au paragraphe 19.

1. Ce verbe, dont la conjugaison est si irrégulière, est formé en français de trois verbes différents, qui se suppléent réciproquement, chacun d'eux fournissant à tour de rôle à la conjugaison les temps qui manquent aux deux autres. De ces trois verbes l'un signifie proprement *respirer* (nous disons encore : il respire, pour il vit), le second *subsister*, le troisième se *maintenir*.

CHAPITRE IV.

ARITHMÉTIQUE.

Observations préliminaires.

L'arithmétique, chacun le sait, est en soi une science abstraite; cependant c'est dans des vues essentiellement pratiques, et appliquée aux opérations journalières, qu'elle doit être enseignée aux enfants. Notre intention n'étant pas de leur faire faire des chiffres pour des chiffres, des combinaisons pour des combinaisons, la connaissance des propriétés des nombres n'est pas le but pour nous, mais le moyen; le but, c'est l'usage, l'application raisonnée, car la pratique de la vie ne nous propose pas des règles d'arithmétique abstraite : elle nous met en présence de *problèmes à résoudre*.

Pour nous guider plus sûrement dans la pratique de cet enseignement, demandons-nous comment procède notre intelligence pour arriver à la solution d'un problème quel qu'il soit, simple ou compliqué, facile ou difficile.

Le cas étant donné, notre jugement compare les termes de la question, analyse les conditions, afin de reconnaître quelle opération ou quelle série d'opérations satisfait à ces conditions. Les nombres qui jouent un rôle dans le problème représentent des choses très-réelles, des choses *concrètes;* mais au moment d'opérer sur les nombres, notre esprit les dégage de toute idée accessoire; il fait abstraction des choses représentées par eux; et c'est sur ces *abstractions* qu'il opère. Les calculs faits nous donnent de certains nombres, mais ce résultat est-il la solution du problème? Pas encore : il faut que notre intelligence, se reportant aux données de la question, assigne à ces nombres une signification pour le cas proposé, détermine quelle sorte de quantités ils représentent; c'est-à-dire que, partis du concret pour opérer par l'abstrait, nous retournons de l'abstrait au concret. Il n'y a pas deux manières de procéder, sciemment ou non, nous suivons cette marche.

Dans la solution d'un problème, il y a donc deux choses : l'une de ces choses, c'est le calcul, l'opération proprement dite; pour celle-là il ne s'agit que de connaître et d'appliquer les règles; mais pour l'autre, celle qui doit précéder toute opération, il n'y a pas de règle fixe, c'est une question de raisonnement, de sens pratique; c'est aussi une question d'habitude. Il est donc d'importance capitale que notre enseignement soit dirigé dans ce sens; il faut que les enfants soient sans cesse exercés à raisonner sur des données concrètes, qu'ils s'habituent à discerner quelle opération correspond aux propositions du problème, et à rendre compte de leur jugement; enfin à déterminer lo rôle que chacun des nombres est appelé à jouer dans l'opération.

Les exercices destinés à rendre familière aux enfants la pratique des opérations fondamentales doivent très-souvent être donnés sous forme de petits problèmes. Non de ces problèmes fantastiques, extraordinaires, dont l'application ne se présente jamais, et qui ne sont pour ainsi dire que de puériles *devinettes*, mais des problèmes usuels, pratiques, faciles à comprendre, en rapport avec l'intelligence des enfants. Ne nous effrayons pas du mot problème; nous n'exigeons pas de nos élèves de grands efforts de concentration. En leur présentant les opérations les plus élémentaires, tels que les exercices de la numération, nous ne les rendons pas plus difficiles; nous les rendons plus faciles au contraire, parce que l'idée de nombre, trop abstraite en elle-même pour les enfants, se fixe et prend un corps. Cette manière de procéder, aidée de démonstrations compréhensibles, prédispose l'élève à l'application intelligente des opérations plus complexes que nous lui enseignerons dans la suite.

NUMÉRATION.

Avant de confier à l'intelligence des enfants de nouvelles notions, assurons-nous, par une rapide révision, si celles que ncus leur avons dejà enseignées sont bien gravées dans leur mémoire. Ne regrettons pas de consacrer souvent une partie de la leçon à résumer, en la perfectionnant, notre œuvre des mois écoulés.

En ce qui touche la numération, ajoutons encore qu'il importe de multiplier les exemples, afin d'amener l'enfant à lire et à écrire des nombres entiers quelconques, entre 1 et 1000, sans hésitation. A ce moment l'élève n'est pas encore capable de tracer les chiffres sur l'ardoise ou sur le papier; du moins il ne le ferait pas avec la netteté et la rapidité convenables. Nous lui ferons donc écrire les nombres, au bas du boulier-numérateur, à l'aide des fiches portant les chiffres imprimés en caractères assez gros pour être visibles de toute la classe; en même temps, et comme contre-épreuve, les élèves devront désigner quel nombre de boules il faut faire descendre sur chaque tige verticale du *boulier*, pour représenter le nombre qu'on leur propose.

Afin d'habituer les enfants à voir dans les chiffres la représentation d'un *nombre* applicable à des collections d'objets semblables, et pour fixer leur attention en mettant plus d'attrait dans l'exercice, ne vous contentez pas de leur dire, par exemple :

« Écrivez avec les fiches le nombre 135. »

C'est une bonne chose, sans doute, que de leur présenter ainsi de temps en temps le nombre dégagé de toute idée accessoire; mais il faut aussi leur apprendre à énoncer des nombres en y attachant une idée *concrète*.

L'instituteur présentera donc les nombres de cette manière, pour les faire poser par les enfants :

« Le berger conduit un troupeau de 125 chèvres : comment écrirons-nous ce nombre? »

« Louis a reçu à l'école 38 bons points : comment écrirons-nous ce nombre sur le tableau d'honneur?

Ou encore, afin de faire appel à leur jugement :

« La fileuse file un écheveau chaque jour : au bout de 54 jours combien a-t-elle filé d'écheveaux, et comment doit-elle écrire ce nombre sur son livret? »

Que ces exemples soient multipliés, de telle sorte que les enfants arrivent non-seulement à écrire et à énoncer facilement un nombre compris entre 1 et 1000, mais encore à l'analyser, en indiquant combien ce nombre contient de centaines et de dizaines *en plus* des centaines, d'unités simples *en plus* des dizaines. Remarquez que les nombres ayant des zéros sont plus difficiles pour les enfants, par conséquent.il ne faut les présenter qu'après les autres.

. Faites énoncer, puis écrire au boulier, avec les fiches, les nombres suivants :

11. 13. 15. 17

22. 43. 54. 67

123. 144. 318. 824

444. 666. 888. 999

120. 140. 380. 860

104. 101. 203. 404

400. 600. 800. 900, etc., etc.

Ceci n'est qu'une révision des notions enseignées dans la première année, et un exercice de l'œil et de

la main pour arriver à la promptitude. C'est en même
temps une introduction aux développements qui vont
suivre.

I. Le mille.

Avant toute chose, il faut que les élèves se rendent
bien compte qu'il existe des nombres supérieurs à
mille, nombre déjà formidable pour eux. Ils sont habitués à ne compter que des objets peu supérieurs en
nombre à 20, 30, 100 au plus. Il faut cependant qu'ils
comprennent par un exemple familier qu'il y a autour
d'eux beaucoup de choses qui se nombrent par un
chiffre fort au-dessus de 1000. (Nous avons pris des
grains de blé pour exemple.) L'enfant étant habitué à
cette idée, ces mêmes tas de mille grains de blé, ou
autres groupes analogues, serviront à lui faire comprendre les ordres supérieurs.

Nous nous arrêterons pour cette année au *million*.
Cet ordre dépasse déjà sans doute l'imagination de
l'enfant; bien expliqué, il n'excède pas la portée de
son intelligence.

Chercher à lui faire comprendre les billions ou mil-
liards, les trillions, ce serait faire tout rentrer dans le
chaos; du moins à quoi bon lui faire prononcer des
mots auxquels nulle image arrêtée, nulle idée nette et
précise ne saurait se rattacher?

Faites comprendre aux enfants que l'on peut compter des groupes de mille comme on compte des unités
simples, en faisant bien sentir que chaque groupe
contient mille unités.

II. Numération écrite (entre 1000 et 10000).

1° Servez-vous du boulier-numérateur pour faire comprendre l'*ordre* des mille. Indiquez comment chaque boule placée sur la tige, au *rang* des *mille*, marque mille unités. Faites marquer sur le boulier (sans les fiches) les nombres tels que : 1000. 2000. 3000.

2° Faites remarquer alors que la présence des mille ou de plusieurs mille n'empêche pas le nombre de contenir en plus des centaines ; ainsi : 1246. 1339. 1427. 1828.

Écrivez au boulier, avec les fiches, des nombres ayant des mille, des centaines, des dizaines, des unités simples, sans zéro, c'est-à-dire sans qu'aucun ordre manque : 1234. 1872. 3216.

Présentez ces nombres comme exprimant une collection d'unités concrètes, comme représentant, par exemple, 1234 moutons, 1872 châtaignes, etc.

3° Faites analyser ces nombres en mille, centaines, dizaines, unités simples.

Rappelez que, lorsqu'il manque dans un nombre un ordre quelconque, on met un zéro à la place de cet ordre pour maintenir les autres ordres à leur rang.

4° Faites alors écrire au boulier, avec les fiches, des nombres dans lesquels il manque des *ordres* d'unité, tels que :

2038. 3104. 7210.

3300. 4040. 3007.

6000. 8000. 9000.

« Dans une grande bergerie il y a 3500 moutons : comment écrirons-nous ce nombre?

« Dans notre verger il a été cueilli 5300 poires : comment le marquerons-nous sur notre livre de compte? »

Pour déterminer le rang qu'occupe un ordre d'unités, il faut que l'enfant sache compter en remontant la série; il est donc excellent de l'y exercer ainsi qu'il suit :

« Il y a 5056 habitants dans notre petite ville : écrivons ce nombre. — Quel est le chiffre des unités simples? — Quel rang doit occuper le chiffre des mille (en comptant de droite à gauche)? — Pourquoi avons-nous marqué un zéro au rang de centaines? etc. »

Ne faites pas répondre aux enfants, dans ce cas : parce qu'il n'y a pas de *centaines* dans ce nombre. Il y a 50 *centaines*, puisqu'il y a 5 mille, mais faites répondre : parce qu'il n'y a pas de centaines en *plus des 5 mille*. Par ce moyen toute équivoque sera évitée. Faites de même pour les dizaines et les unités simples.

Nous ne donnons pas aux enfants la définition du mot *ordre:* elle leur serait incompréhensible; nous leur présentons seulement ce qui est sensible aux yeux : la *place*, le *rang* qui est le signe de la valeur de chaque *ordre*. Cette notion sera complétée plus tard.

Faites mettre un point, *et non une virgule*, après le chiffre des mille. Vous savez que la virgule ne doit être usitée en arithmétique que pour séparer les fractions du nombre entier.

III. Les dizaines de mille.

Le groupe, ou unité de mille, se traite dans notre numération comme l'unité simple; quand nous disons : des dizaines de mille, des centaines de mille, nous agissons avec ce groupe de mille une fois formé comme avec l'unité. Les dizaines et les centaines de mille ne sont donc pas difficiles à faire comprendre aux enfants, déjà habitués à former la dizaine et la centaine d'unités.

Observons, en passant, que les noms consacrés pour désigner les groupes divers dans la numération ont des inconvénients très-regrettables. Le mot d'*unité*, entre autres, s'emploie avec un grand nombre d'acceptions diverses qui prêtent à l'équivoque. Puisqu'il ne nous est pas possible d'opérer une réforme dans la terminologie classique, essayons du moins de prévenir la confusion qu'elle met parfois dans les idées de l'enfant; convenons d'appeler toujours *unités simples* le premier ordre, sans nous permettre d'abréviation.

1° Faites comprendre, à l'aide du boulier-numérateur, comment on forme la dizaine de mille, en rappelant ce que vous avez fait pour la dizaine d'unités.

2° Faites composer au boulier des nombres avec dizaine de mille.

3° Même exercice avec les fiches.

4° Exercice concret sur les dizaines de mille :

« Une machine fabrique en un jour dix mille trois

cents épingles : comment écrirons-nous ce nombre? »

« La récolte d'un verger a été de 25 000 pommes : écrivez ce nombre? »

Faites toujours remarquer le rôle du zéro.

5° Faites lire des nombres écrits au tableau noir et contenant des dizaines de mille.

6° Faites analyser ces nombres ainsi qu'il est indiqué au livre de l'élève.

IV et V. Les centaines de mille. — Le million.

Mêmes exercices pour les centaines de mille. Toujours des exercices concrets.

Nous n'ajoutons rien ici sur la transition des centaines de mille au million : c'est la même que celle des centaines d'unités au mille.

VI. Rapport d'un ordre d'unités avec celui qui le suit ou le précède immédiatement.

Ce paragraphe est une sorte de récapitulation des divers ordres d'unités.

Faites comprendre et sentir à l'enfant, par des exemples multipliés et raisonnés, qu'*une unité de chaque ordre vaut dix unités de l'ordre immédiatement inférieur*. Il faut qu'il apprenne cette formule traditionnelle ; mais remarquez bien que cette phrase si simple pour nous est énigmatique pour lui : le mot unité est employé là dans une nouvelle acception. En exprimant tout d'abord cette règle pour l'expliquer ensuite, on se heurterait contre une difficulté que nous estimons très-grande. En faisant au contraire comprendre d'abord la règle à l'aide d'exemples multipliés, et donnant ensuite la formule aux élèves comme une expression résumée, on n'abordera pas de front la difficulté; l'enfant passera outre sans l'avoir aperçue.

Faites analyser les nombres en demandant aux enfants combien il y a, dans le nombre donné, de centaines *en plus des mille*, de dizaines *en plus des mille et des centaines*, etc.

emandez combien le nombre contient de mille, et ? ? fois la réponse obtenue, combien ces mille valent de centaines; enfin combien il y a de centaines en tout dans ce nombre.

Faites la même analyse avec un nombre ne dépassant pas les centaines; ex. : 347.

Pour le moment nous ne demandons pas à l'enfant combien une unité, ou plusieurs unités d'un certain ordre, valent d'unités d'un ordre *qui ne suit pas immédiatement*; par exemple, combien 1000 ou 4000 valent de dizaines, car l'opération mentale qu'il faut faire pour répondre à cette question contient implicitement une multiplication (10×10). Cette question doit donc être réservée jusqu'au moment où l'enfant saura faire ces multiplications.

La numération est la base de l'arithmétique; ne craignons donc pas d'accorder aux exercices de numération parlée ou écrite une part très-considérable, et d'y consacrer cette année une majeure partie du temps destiné à l'étude des premiers éléments du calcul. Le temps que vous aurez consacré aux exercices *raison-*

nés vous sera restitué plus tard, quand il s'agira des *opérations*. Nous ne voulons pas dire par là que les exercices d'arithmétique doivent durer longtemps chaque jour; malgré tous les efforts de l'instituteur cette science, abstraite de sa nature, exige une attention qui, trop prolongée, ennuierait ou fatiguerait les enfants.

ADDITION.

I. Conditions de possibilité.

Nous nous étions bornés précédemment à faire apprendre aux enfants la somme des nombres compris entre 0 et 10, puis la somme d'un nombre exact de dizaines, avec un chiffre d'unités ne dépassant pas 9. Il convient de revoir, en une ou deux petites leçons, ces exercices préliminaires. Pour le moment il importe surtout de bien faire comprendre que l'on ne peut ajouter ensemble que des unités de même espèce. Cette notion doit être donnée à l'aide de comparaisons faites sur des objets frappant la vue, puis étendue aux choses invisibles.

Nous savons que pour pouvoir additionner ensemble des unités *concrètes,* c'est-à-dire représentant des objets, et des quantités de nature déterminée, il suffit que ces quantités aient quelque chose de commun qui nous permette de les associer. Alors ces quantités peuvent être réunies *sous une dénomination applicable à chacune d'elles séparément,* et relative au point de vue qui nous a permis d'établir l'association. Ainsi nous pouvons associer 10 vaches et 5 bœufs en les réunissant sous la dénomination commune de : 15 têtes de bétail. Ceci ne pourrait être présenté aux enfants de cette manière; mais nous pouvons, et nous devons, exercer leur intelligence sur des exemples, en comptant sur leur logique instinctive. Ainsi, nous leur ferons comprendre (ce qui est indiqué dans le livre de l'élève). que nous ne pouvons réunir 3 mètres et 4 kilogrammes, parce que ces deux quantités n'ont rien de commun; et que nous pouvons réunir 3 litres de vin avec 10 litres d'eau, parce que ces deux quantités ont entre elles un rapport, qu'elles peuvent être déterminées par des mesures de volumes; mais que tout en les réunissant, nous ne pouvons pas donner à leur somme la dénomination qui ne convient qu'à l'une des deux quantités, et dire 13 litres de vin ou 13 litres d'eau; il faut dire : 13 litres d'un liquide (formé par un mélange de vin et d'eau). Ainsi, l'enfant exercé au raisonnement deviendra capable de porter un jugement préalable sur la possibilité ou la non-possibilité de l'opération qui lui sera proposée, chose d'une importance extrême dans la pratique.

« Le petit François veut additionner ensemble 3 bons points qu'il a reçus à l'école, et 2 billes que lui a données son frère. Est-ce raisonnable, cette idée-là? » Quelle dénomination faudrait-il donner aux billes et aux bons points pour pouvoir ensuite les additionner?

« Le berger ramène son troupeau des champs; il a 5 vaches et 10 moutons : peut-on additionner ces deux quantités? Quel nom donner aux êtres réunis dans le total de cette addition? »

« Paul a mesuré 3 litres de blé et 2 litres d'orge; peut-on les additionner? Quel nom donner au total? »

« Pierre a mesuré 4 mètres de toile et 4 litres d'huile : cela peut-il être additionné? »

Enfin, efforcez-vous de faire comprendre aux enfants par des questions bien posées, non-seulement si une addition *donnée* est faisable ou absurde, mais en outre si c'est le cas de faire une addition? A quelle condition de problème correspond cette opération? Pour cela, au lieu de proposer simplement l'addition à faire, présentez de temps à autre la question ainsi posée :

« J'ai fait 3 lieues depuis le matin jusqu'à midi; j'en ai fait 2 autres depuis midi jusqu'au soir. Quelle opération faut-il faire pour savoir combien j'ai fait de lieues dans toute la journée? La réponse étant donnée : « c'est une addition, » vous faites l'opération.

II. Pratique de l'opération (sans retenue).

Lorsque l'enfant est familiarisé avec cette notion générale, on ne doit plus réunir par l'addition que des quantités de même espèce. En parlant on peut fort bien joindre les dizaines aux unités, et dire, par exemple, 27, 33, mais on ne doit pas additionner les nombres ainsi d'une seule pièce : 27 et 33 font..... Sans entrer avec les enfants dans cette distinction assez abstraite, il importe de l'avoir à l'esprit afin d'éviter toute expression abrégée qui pourrait les induire en erreur, et leur donner à entendre, par exemple, que 20 et 7 ne peuvent pas être ajoutés l'un à l'autre. Nous dirons donc qu'il faut additionner les *chiffres* de même ordre, et non les *unités* de même ordre, afin d'éviter la confusion.

Nous croyons devoir nous borner pour cette année aux additions de deux nombres de trois chiffres. La difficulté sérieuse de l'opération, c'est la retenue ; afin que cette difficulté ne se complique pas de difficultés accessoires, exerçons tout d'abord nos petits élèves sur des exemples dans lesquels la retenue ne se présente pas. En outre nous choisirons, pour les premiers exercices, deux quantités comprenant *un même nombre de chiffres tous significatifs.*

Pour être fidèles à nos principes, nous présentons la plupart de ces opérations élémentaires sous forme de problèmes gradués, tels que ceux-ci :

« Mon frère a 23 châtaignes; si je lui donne les 42 qui sont à moi, combien en aura-t-il ? »

« J'ai un livre de 412 pages, un autre de 534; si je les fais relier en un seul volume quel sera le nombre des pages de ce volume ? »

Faites ces calculs au boulier-numérateur, qui permet de former les plus grands nombres. Pour cela vous composez d'abord avec les boules un certain nombre, puis plaçant une règle de bois contre les tiges de fer à une certaine hauteur, vous composez un autre nombre dont les boules sont ainsi soutenues par la baguette. Après avoir fait lire ces nombres vous retirez la règle de droite à gauche, de sorte que les boules de la tige des unités se réunissent d'abord, puis celles de la tige des dizaines, des centaines, etc.

Après cette démonstration, multipliez les exercices

à l'aide des fiches, en les disposant dans l'ordre convenable. Répétez ensuite les mêmes exercices à la craie sur le tableau.

III et IV. Ordres manquants.

L'absence d'un certain ordre d'unités, lorsque les deux quantités n'ont pas un même nombre de chiffres, la présence d'un zéro tenant la place d'un ordre manquant, sans constituer une difficulté, sont toutefois un cas inattendu qui surprend l'élève. Ces deux paragraphes, et les exercices qui les accompagnent, sont destinés à le familiariser avec ces deux cas si fréquents.

Faites-en la démonstration. Si vous composez par exemple 102 pour le nombre inférieur, et 20 pour le nombre supérieur, l'enfant, en voyant le total se former sous ses yeux, se rendra fort bien compte de l'effet que produit lo zéro et l'absence d'un ordre d'unité (à gauche), ce qui est au fond la même chose.

Faites additionner des nombres tels que ceux-ci : 100 et 200, 122 et 30, 120 et 32, 1000 et 230, 2000 et 10, 3000 et 100.

« Il y a dans ce tonneau 305 litres de vin; si j'en ajoute encore 20 litres, combien y en aura-t-il? »

« D'ici à la borne que vous voyez là-bas il y a 404 mètres, de cette borne au moulin il y a 220 mètres: quelle distance ai-je à parcourir, si je veux aller au moulin en suivant cette route? »

Ce dernier exemple devra être répété avec différentes combinaisons de nombres, afin d'apprendre aux enfants à supputer les distances, les longueurs.

V. La retenue.

Maintenant que l'enfant ne sera plus arrêté par les petits incidents de la forme des nombres, enseignons-lui la pratique de la retenue, et servons-nous d'abord de nombres très-simples, et tels que la retenue doive être simplement avancée, et non ajoutée avec d'autres unités de même ordre qu'elle. Employons encore des procédés concrets : la théorie de la retenue étant au fond la même que celle de la formation de la dizaine, il est naturel d'avoir recours au même moyen.

Vous choisissez deux nombres entre 1 et 10, tels que leur somme soit plus grande que dix : soit 6 et 8. Vous représentez ces deux nombres en disposant sur la table deux groupes de petites bûchettes, l'un de 6, l'autre de 8. En les réunissant en un seul groupe pour figurer l'addition, vous faites voir que leur somme contient une dizaine. Vous dites alors qu'aussitôt qu'un nombre est plus grand que *neuf*, il faut mettre à part la dizaine ou les dizaines qu'il forme. Vous comptez 10 bûchettes dont vous faites un faisceau ; puis vous posez parallèlement, auprès et à la droite de ce faisceau, les 4 unités qui restent. De cette manière l'enfant comprendra tout d'abord :

1° Qu'un total peut contenir un certain ordre d'unités, lors même que les nombres pris à part ne contenaient pas d'unités de cet ordre ;

2º Qu'il faut extraire les dizaines d'unités simples pour les poser en leur lieu, à leur rang.

Répétez le même exercice avec d'autres nombres d'un seul chiffre. Vous apprenez alors à l'enfant comment, après avoir écrit au rang des unités les unités que le total contenait en plus de la dizaine, on écrit cette dizaine à son rang, et que cette opération consiste à *retenir*, puis à *avancer* le chiffre de la *retenue*.

« Un enfant a 7 bons points; son maître lui en donne 7 autres : comment faut-il marquer le total sur le cahier du maître? »

« Henri a recueilli 8 poires sous le grand poirier du jardin, 5 sous le petit poirier : comment écrirons-nous le total? »

« Le bûcheron a apporté à la ferme 9 fagots, la bûcheronne 4; chacun de ces fagots vaut 1 sou : combien cela fait-il de fagots? et combien faut-il payer à ces braves gens? «

Remarquez qu'en nous bornant à faire additionner deux nombres seulement, quels qu'ils soient, le chiffre des retenues ne peut jamais aller au delà de 1.

VI. Suite de la retenue.

Ce paragraphe est destiné à enseigner comment on ajoute la retenue aux unités de même ordre qui se trouvent à la colonne suivante. Nous nous bornons encore à la retenue des dizaines.

Nous engageons fortement les maîtres à éviter les abréviations; à dire, par exemple : je retiens une dizaine; et non pas : je retiens 1. Avec les jeunes enfants, les abréviations sont nuisibles; on ne doit les employer que lorsque l'élève fait couramment les opérations.

« 1° Il y a 46 marches à l'escalier de la maison, et 6 autres marches au perron devant la porte : combien y a-t-il de marches à gravir pour arriver de la cour au haut de l'escalier? »

« 2° Il y a 18 œufs dans un panier et 24 dans un autre : combien cela fait-il en tout? »

« 3° Je veux donner une dragée à chacun des 32 enfants de la petite classe, et une aussi à chacun des 28 élèves de la grande : combien faut-il que j'achète de dragées? »

VII. Suite de la retenue.

Nous avons donné à ce paragraphe la forme d'un petit problème développé, pour rompre la monotonie, et en même temps afin d'offrir aux instituteurs un exemple de la manière dont il convient de présenter la leçon aux petits élèves. Le plus petit trait, le plus naïf des artifices de forme, suffit pour retenir leur mobile attention. Ne nous lassons pas de recourir à ce moyen, puisqu'il ne manque jamais de réussir.

« Nous avions dans une partie du fruitier 140 pommes; dans une autre partie 850 pommes. Nous voulons les réunir sur une seule couche de paille : combien y en aura-t-il? »

« A la dernière fête il y avait 600 personnes dans la nef de l'église, et 160 dans les tribunes : quel était le nombre total des assistants? »

SOUSTRACTION.

I. Conditions de la soustraction.

Les notions résumées dans ce paragraphe sont connues de l'enfant : elles lui ont été données l'année dernière. Il faut lui rappeler le principe sur lequel repose la soustraction, et l'appliquer à des nombres plus grands que ceux qui lui ont servi d'exercice dans la première année. Les exercices présentés ici ont pour objet de faire comprendre et sentir que c'est la valeur du nombre, considéré dans son ensemble, qui décide de la possibilité de l'opération, et non la valeur absolue de chacun de ces chiffres pris séparément. Profitons du moment où l'attention des enfants n'est pas absorbée par une opération compliquée, pour leur faire comprendre non-seulement quand la soustraction est possible, mais dans quel cas elle doit être faite, à quelles conditions de problème elle répond.

« Il y a 300 pommes dans le fruitier, nous en emportons 150. Quelle opération faut-il faire pour savoir combien il en reste au fruitier? »

« Il y a 225 litres de vin dans le tonneau ; si j'en tire 115 litres, quelle opération ferai-je pour savoir ce qu'il en restera? Cette opération est-elle possible? Pourquoi? »

« J'ai dans ma bourse 140 francs : puis-je payer avec cela une somme de 90 francs? quelle opération m'apprend ce qui doit rester dans ma bourse après le payement? »

« Un bâton a 80 centimètres ; si j'en coupe 30 centimètres, comment ferai-je pour connaître d'avance la longueur qu'aura le bâton après ce retranchement ? »

« L'ouvrière a un coupon d'étoffe de 15 mètres ; pour faire les vêtements dont l'enfant a besoin il faut 25 mètres d'étoffe : peut-on prendre ces 25 mètres dans le coupon de 15 mètres ? »

Ne manquez pas de faire faire aux enfants le même raisonnement préalable que pour l'addition : *on ne peut soustraire que des quantités de même espèce.* C'est plus facile encore à comprendre pour la soustraction que pour l'addition, et quelques questions telles que celles qui suivent suffiront pour faire comprendre la portée de cette proposition :

« D'un fruitier qui ne contient que 150 pommes peut-on retirer 15 poires ? »

« D'un tonneau qui contient 225 litres d'eau peut-on retirer 10 litres de vin ? »

« De 25 mètres de toile peut-on soustraire 2 journées de travail ? »

II. Pratique de l'opération (sans compensation).

De même que nous avons présenté d'abord l'addition sans la complication de la retenue, nous présentons la soustraction sous sa forme la plus simple, celle où chaque chiffre du nombre à soustraire est plus petit que le chiffre correspondant du nombre dont on soustrait.

La plus grande difficulté de la soustraction étant ainsi ajournée, nous nous occupons d'abord d'appren-

.dre à l'enfant à poser et à raisonner l'opération. Les exercices doivent être limités aux nombres de quatre chiffres au plus, comme pour l'addition.

« J'ai dans un vase 354 grammes d'huile; si j'en retire 213 grammes, quelle opération faudra-t-il faire pour savoir ce que pèse le reste? Quel sera ce poids? »

« En partant de la porte de la classe j'ai fait 645 pas sur la route ; puis, m'étant retourné, j'ai fait 125 pas pour revenir : à quelle distance suis-je maintenant de la porte de la classe? Quelle opération faut-il faire pour le savoir? »

Que l'instituteur varie le plus possible les problèmes de ce genre, afin d'exercer l'intelligence des élèves. Les problèmes relatifs aux distances sont très-importants; mais comme il est un peu difficile aux enfants de s'en rendre compte, il faut que le maître vienne en aide à leur imagination par une figure tracée au tableau, faisant remarquer comment, lorsqu'après avoir marché jusqu'à une certaine distance, on revient vers le point de départ, le chemin qu'on parcourt en se rapprochant est à soustraire de la distance primitive, etc.

III. Ordres manquants.

Ce paragraphe est destiné à familiariser l'élève avec quelques cas particuliers, qui pourraient l'embarrasser, si le raisonnement ne lui en était pas fait d'une manière très-claire; ces cas, analogues à ceux que nous a offerts l'addition, sont ceux-ci :

1° Nombre à soustraire ayant à gauche un ou deux

ordres d'unités de moins que le nombre supérieur; exemple : 32 à retrancher de 164 ;

2e Zéro à retrancher d'un chiffre significatif; exemple : 20 ôté de 45.

« Quand vous avez 0 à retrancher d'un nombre, que reste-t-il ? Et si vous ajoutez 0 à ce même nombre, que devient-il ? »

« Un mur long de 165 mètres a été abattu en partie par la tempête; il en est resté debout 40 mètres seulement. Quelle longueur faut-il reconstruire pour rétablir la muraille dans son premier état? »

IV. Observation sur le rôle du zéro.

La soustraction est la première opération par laquelle un ou plusieurs ordres d'unités peuvent disparaître dans un nombre. Si un ordre d'unités disparaît dans le corps même du nombre, ou le remplace par un zéro : si c'est au dernier rang à la gauche du nombre, on omet le zéro. Cette différente manière d'agir en deux cas qui peuvent paraître identiques a besoin d'être expliquée : saisissons cette occasion pour bien définir la fonction du zéro, et les conditions de son emploi.

« Si j'écris un zéro à là gauche d'un nombre, cela change-t-il la valeur de ce nombre? Pourquoi cela n'y change-t-il rien? »

« A quoi sert le zéro dans le nombre 90? Si l'on omettait le zéro, le nombre serait-il changé? Pourquoi? »

« Le clocher a 59 mètres de hauteur, la maison

voisine a seulement 8 mètres au-dessus du sol : de combien le clocher dépasse-t-il la maison? »

« Un enfant a 89 centimètres de hauteur, son frère n'a encore que 82 centimètres ; quelle opération faut-il faire pour connaître la différence de leurs tailles? quelle est cette différence? »

A l'occasion de ce problème ou d'un autre semblable, faites comprendre que la soustraction servant à évaluer la *différence* qui existe entre deux nombres, le *reste* de la soustraction se nomme aussi la *différence*.

MULTIPLICATION.

Avant d'entrer dans le détail des procédés, il convient de justifier le point de vue sous lequel nous présentons à l'enfant cette opération.

Dans un sens, restreint, il est vrai, la multiplication peut être considérée comme une addition abrégée. C'est la manière la plus facile de l'expliquer, la plus accessible à l'enfant. La définition que nous développons ainsi : *la multiplication est une opération par laquelle on réunit, en un seul groupe, plusieurs groupes égaux d'unités de même espèce*, n'est que la traduction en langage concret de cette autre formule : la multiplication a pour but d'additionner en une seule opération abrégée plusieurs nombres égaux entre eux. Mais cette définition, disons-nous, est incomplète. Cette autre : *la multiplication consiste à prendre autant de fois un nombre nommé multiplicande qu'il y a d'unités dans un autre nombre nommé multiplicateur*, est également trop restreinte.

La plus générale, la plus scientifique, mais aussi la plus abstraite, est celle-ci :

« La multiplication est une opération qui a pour but de trouver un nombre appelé *produit*, qui soit composé d'un nombre appelé multiplicande, comme un nombre appelé multiplicateur est composé de l'unité. »

Cette définition comprend tous les cas possibles, même ceux où les facteurs seraient des fractions. Elle peut être exprimée plus simplement en disant :

« La multiplication consiste à remplacer chacune des unités contenues dans le multiplicande par un nombre appelé multiplicateur. » Le multiplicateur peut être un groupe d'unités ou de parties d'unité.

Notre manière d'expliquer la multiplication n'est, disons-nous, autre chose que la traduction en langage *concret* de ces deux définitions abstraites.

Arrêtons-nous un instant pour prévoir et résoudre certaines difficultés qui passent parfois inaperçues de l'instituteur, mais qui mettent le trouble dans l'intelligence de l'élève. Si celui-ci s'en tire dans la pratique, c'est uniquement par la grâce de la routine, car il a cessé de comprendre.

Ces erreurs, ces malentendus, viennent des termes ordinairement employés dans les explications, et qui prêtent à l'équivoque. Pour procéder par ordre, comprenons tout d'abord le mot même de *multiplication*. Ce mot exprime *répétition ;* quand vous le prononcez, votre imagination se figure immédiatement une répétition plus ou moins grande du nombre primitif. Pourtant, cela n'est pas vrai dans tous les cas possibles. Le *produit* est plus grand que le multiplicande uniquement lorsque le multiplicateur est *plus grand que l'unité*. C'est, il est vrai, le cas le plus ordinaire, mais quand le multiplicateur est plus petit que l'unité, c'est-à-dire dans la multiplication des fractions, le produit est alors plus petit que le multiplicande. Le résultat de l'opération est en opposition directe avec l'idée exprimée par le mot *multiplication;* et l'étonnement des élèves à ce moment témoigne bien que tous avaient pris au propre le sens du mot *multiplier.*

Le mot de multiplication est accepté; il ne s'agit pas de le supprimer, mais de le bien définir. Évitons donc les expressions plus ou moins semblables à celles-ci :

Multiplier un nombre par 2, par 3, par 4, c'est le rendre 2 fois, trois fois, 4 fois *plus* grand. Ceci est inexact. Il faudrait dire : 2 fois, 3 fois, 4 fois *aussi* grand. L'expression *plus* entraîne pour l'enfant deux inconvénients graves :

Le premier tient à ce que ces expressions ont de vague. Quand vous dites, par exemple : 2×3, *c'est* 2 *répété* 3 *fois*, beaucoup d'enfants comprennent que 2 doit être répété 3 fois, indépendamment du premier nombre qui reste là pour s'ajouter ensuite au produit. Ils se disent, pour employer leur langage : 2 *est là;* si je le répète encore trois fois, cela fait en tout 4 *fois* 2. De même si vous dites : multiplier 4 par 2, c'est rendre 4 deux fois *plus* grand, ou même 2 fois *aussi* grand, ils pensent encore : le nombre donné est 4; pour le rendre deux fois aussi grand, j'ajoute 2 fois 4, c'est-à-dire 8, aux 4 qui étaient donnés d'abord, etc.

Pour les enfants qui se butent à cette idée, tout devient obscurité et contradiction. Nous en avons connu qui, ayant appris ensuite la table de multiplication, et sachant faire les opérations avec plusieurs chiffres, sans erreurs, mais par pure routine, gardaient dans l'esprit ce point noir, et sentaient leur *pratique* en contradiction constante avec la théorie qu'ils s'étaient forgée.

Quant aux enfants qui auront bien compris, et ne seront pas tombés dans l'erreur que nous venons de signaler, le second inconvénient reste pour eux. Il résulte de ce que les formules employées expriment *augmentation*.

« Nous n'en sommes pas, objectera-t-on peut-être, aux multiplications de *fractions*. D'ici là.... » — D'ici là, il ne faut pas donner aux enfants des idées et des formules contradictoires avec ce que vous aurez à leur enseigner plus tard; ce serait une étrange préparation. D'ailleurs, laissons de côté les fractions; il suffit que le multiplicateur puisse être *l'unité*, ou même 0. Ces cas se rencontrent à chaque instant aux produits partiels.

Beaucoup d'enfants se refusent à englober dans le cas général la multiplication par 1. *Répéter un nombre une fois*, les uns comprennent que cela fait 2 fois le nombre, les autres ne comprennent rien. Rendre un nombre *une fois aussi* grand, qu'est-ce que cela veut dire? Cela n'offre plus de sens. Et s'il s'agit de 0 : répéter 0 3 fois; rendre 0 4 fois aussi grand; voilà des formules énigmatiques pour l'enfant. Qu'est-ce donc, si le 0 est multiplicateur, au lieu d'être multiplicande?

Toutes ces difficultés disparaissent ou s'expliquent de la façon la plus simple, en procédant ainsi que nous l'avons indiqué. Le premier inconvénient n'existe pas. 4 groupes de 5 unités, 2 groupes de 7 unités, sont des formules qui n'admettent pas d'équivoque.

Si maintenant nous en venons au cas du multiplicateur égal ou inférieur à l'unité, les difficultés vont encore s'aplanir. Cette formule que nous avons donnée (pour l'instituteur seulement), « la multiplication consiste à remplacer chacune des unités du nombre multiplicande par le nombre multiplicateur (et totaliser, bien entendu) », — cette formule, disons-nous, rend très-facile l'intelligence des cas divers de la multiplication.

Soit en effet à multiplier 6 par 3 :

$$6 = 1 + 1 + 1 + 1 + 1 + 1.$$

Si nous remplaçons chacune de ces unités par 3, nous aurons :

$$3 + 3 + 3 + 3 + 3 + 3 = 18.$$

Si maintenant nous avons 6 à multiplier par $\frac{1}{2}$, en remplaçant chacune des 6 unités par le nombre $\frac{1}{2}$ nous avons :

$$\tfrac{1}{2} + \tfrac{1}{2} + \tfrac{1}{2} + \tfrac{1}{2} + \tfrac{1}{2} + \tfrac{1}{2} = 3 \text{ unités.}$$

De même, si nous remplaçons chacune des unités

par $\frac{1}{3}$, ce qui équivaut à notre expression : multiplier par $\frac{1}{3}$:

$$\tfrac{1}{3}+\tfrac{1}{3}+\tfrac{1}{3}+\tfrac{1}{3}+\tfrac{1}{3}+\tfrac{1}{3}=2.$$

De cette manière on voit fort bien que le produit dans ce cas doit être plus petit que le nombre multiplicande.

En appliquant aux cas où le multiplicateur est 1 ou 0 cette manière d'envisager l'opération qui n'implique pas rigoureusement *augmentation*, accroissement du multiplicande, les résultats obtenus ne seront plus en contradiction apparente avec la définition de l'opération. Ainsi, dans le premier cas, nous voyons que, si nous substituons *une* unité à chacune des unités du nombre 6, ce nombre ne doit pas changer de valeur abstraite. Mais remarquez bien que, s'il s'agissait d'unités *concrètes*, la formule conduirait tout droit à ce résultat remarquable : les unités du multiplicande, qui n'a pas changé de valeur comme nombre, ont changé de *nature*. Ainsi, soit ce problème posé : Un ouvrier reçoit 1 franc par jour pendant 6 jours, etc. Si à chacune des unités du nombre 6 qui exprime des *jours* se substitue une *unité* qui exprime *un franc*, le produit sera encore 6; non plus 6 *jours*, mais 6 *francs*, parce que l'unité *franc* s'est substituée à l'unité *jour*.

Enfin, si le multiplicateur est 0, la même formule donne :

$$6=1+1+1+1+1+1,$$

substituant 0 à chaque unité du multiplicande :

$$0+0+0+0+0+0=0.$$

Nous avons cru devoir développer cette manière de considérer la multiplication avec les conséquences qu'on en déduit, parce que notre procédé concret correspond à la formule que nous avons donnée.

Conservant toujours à l'expression : *multiplier*, la signification de totaliser des groupes d'unités, nous expliquerons ainsi les cas ci-dessous :

« Puisque multiplier 5 par 2, par 3, par 4, c'est former 2, 3, 4 groupes égaux de 5 unités chacun, multiplier 5 par 1, c'est former un seul groupe de 5 unités : en tout il n'y a que 5 unités en un seul groupe. »

En ce qui touche le zéro, il ne saurait, cette année, se trouver au multiplicateur, puisque nous n'avons à faire que des multiplications par un seul chiffre. Nous n'aborderons donc pas en ce moment une difficulté qui ne se présentera pas. Quant au zéro du multiplicande, voyez ci-après notre manière de procéder. Il faut autant que possible éviter de mettre l'enfant directement aux prises avec ces combinaisons où l'idée de *néant* vient se mêler à l'idée d'*être* ; continuons de lui faire considérer le zéro non comme un chiffre, mais comme une marque uniquement destinée à tenir la place d'un ordre manquant. Après avoir dit que, pour multiplier un nombre qui contient plusieurs *ordres* (unités, dizaines, centaines, mille, etc.), on multiplie successivement chacun des ordres, nous présentons un exemple tel que celui-ci :

$$300$$
$$\times\ 2$$

Nous disons simplement à nos élèves : ces deux zéros sont là uniquement pour obliger les 3 à rester à la place des centaines. Puisqu'il n'y a rien en plus de ces trois centaines, nous n'avons ni unités ni dizaines à multiplier, « multiplions alors les *centaines*, puisqu'il n'y a qu'elles. » Ne craignons pas les pléonasmes, soit dit en passant, quand il s'agit d'explications.

Nous demandons pardon une fois de plus aux maîtres et maîtresses d'entrer dans tous ces détails. C'est que nous savons combien une personne habituée au maniement des chiffres, aux calculs compliqués, franchit facilement, sans les apercevoir, les difficultés qui existent pour l'enfant, et ne se figure pas que des choses si simples puissent l'arrêter un instant. Ce qui est difficile pour un jeune instituteur, c'est justement d'oublier ce qu'il sait, et de se rendre bien compte des ignorances cachées de ses élèves, des obstacles qui peuvent s'élever dans le courant de ses idées et les faire dévier, comme une motte de terre éboulée suffit pour détourner le cours mobile d'un faible ruisseau.

I. But de l'opération.

Faisons d'abord comprendre aux enfants l'utilité de la multiplication ; la marche à suivre est indiquée clairement ci-dessus. Toutefois nous nous permettrons d'y insister ici, afin d'engager l'instituteur à varier la forme de sa démonstration, à y revenir autant de fois qu'il sera nécessaire, en employant chaque fois des nombres différents, et, s'il est possible, des objets de nature différente : boules, cubes, bûchettes, petits cailloux, traits à la craie sur le tableau, etc., etc. Formez, par exemple, 3 colonnes de 4 cubes chacune, un peu espacées les unes des autres. En rapprochant à la fois des deux mains les deux colonnes extrêmes, et les mettant en contact avec celle du milieu, l'enfant voit d'un coup d'œil se former le *produit*, sans cesser de distinguer les 3 groupes qui le composent. A cause de cette facilité qu'ils ont de se grouper avec symétrie, les cubes sont avantageux pour les premières démonstrations.

DISPOSITION DES CUBES OU DES PETITS CAILLOUX
POSÉS SUR LA TABLE.

3 fois 4

3 fois 4

DISPOSITION DES CUBES OU DES PETITS CAILLOUX, ETC. (SUITE).

3 fois 3

2 fois 5

3 fois 5

4 fois 3

DISPOSITION DE LA DÉMONSTRATION AVEC DES BUCHETTES
POSÉES SUR LA TABLE.

5 fois 3

DISPOSITION DE LA DÉMONSTRATION, ETC. (SUITE).

4 fois 4

| | | | | | | |
| | | | | | | |

6 fois 3

Une fois ces groupes formés symétriquement, vous les rassemblez en un seul groupe que vous faites *compter* ensuite. Ces exercices doivent être multipliés, variés, rendus intéressants, avant d'en venir aux conséquences *abstraites*.

Faites considérer ces expressions 3 *fois* 4 *unités*, puis simplement 3 fois 4, comme l'abréviation de : 3 groupes de 4 unités, etc.

Faites comprendre que l'opération de l'esprit qui groupe les *unités*, représentée par l'opération de la main qui rassemble les *objets*, est la *multiplication*.

II. Les facteurs et le produit.

Montrez les deux nombres qui jouent un rôle dans la multiplication : le nombre exprimant combien il y a d'unités dans chaque groupe est le *multiplicande* ; celui qui exprime combien il y a de groupes (c'est-à-dire combien de fois le nombre *multiplicande* doit entrer au *produit*) est le multiplicateur. En donnant des exercices semblables aux exercices précédents, faites donc, à chaque opération démonstrative, désigner par les enfants eux-mêmes :

1° Quel est le nombre multiplicande ;

2° Quel est le nombre multiplicateur ;

3° Ce que nous désignons par le mot *produit* ;

4° Les facteurs de ce produit. — (Insistez.)

III. Interversion de l'ordre des facteurs.

Ce principe : *on ne change pas un produit en intervertissant l'ordre des facteurs*, est très-important, d'abord parce qu'en l'enseignant on prépare l'intelligence de l'enfant à pénétrer dans la constitution intime du nombre (décomposition du nombre en ses facteurs premiers, considération fondamentale que nous aborderons dès qu'il sera possible); d'autre part, il sert à réduire de moitié la *Table de multiplication*.

Pour faire à l'enfant cette démonstration, on peut faire usage de cubes ou de petites bûchettes, ainsi qu'il est indiqué dans le livre de l'élève. Si, après avoir compté les lignes transversales, l'enfant éprouve de la difficulté à imaginer les groupes dans l'autre sens, espacez les colonnes, et l'enfant n'aura plus aucune difficulté à les considérer isolément.

1ʳᵉ position.   2ᵐᵉ position.

Faites répéter cette même démonstration par les enfants, d'abord avec les mêmes nombres, puis avec d'autres nombres. — Faites encore l'exercice suivant :

Après avoir formé trois rangs de 4 cubes se joignant ou à peu près, ainsi que le représentent les points rangés ici, à la 1ʳᵉ position,

1ʳᵉ position.   2ᵐᵉ position.

ôtez un cube de chacun des rangs : il ne reste plus que trois cubes dans chaque rang, et avec les trois cubes soustraits vous formez un 4ᵉ rang (2ᵉ position). Vous avez ainsi transformé 3 fois 4 en 4 fois 3. — Ces démonstrations ne doivent pas se faire avec des nombres pris au hasard, mais seulement avec 2 nombres ne différant que d'une seule unité, comme 2 et 3, 3 et 4, 4 et 5, 5 et 6, etc. Si les nombres diffèrent de 2 unités, il faut alors enlever et transporter 2 cubes de chaque rang, etc., etc. Faites-vous donner des exemples par les enfants, en variant les termes. Exemple : 5 fois 6, et 6 fois 5, donnent-ils le même produit? 3 fois 10, est-ce la même chose que 10 fois 3? etc., etc.[1].

Nous voici arrivés à la table de multiplication, rude travail de mémoire, qui pèse tant aux enfants. Nous croyons devoir subdiviser la difficulté en faisant apprendre cette année les produits des nombres les moins considérables, de 1 à 5, remettant le complément à l'année prochaine.

Nos élèves ont de six ans et demi à huit ans, il faut leur épargner les efforts. D'ailleurs, ce qui importe pour le moment, ce n'est pas qu'ils soient en état de faire des opérations *posées au hasard*, mais qu'ils comprennent bien le principe des opérations, et puissent s'exercer sur des exemples *convenablement choisis*. Nous éviterons donc cette année les opérations dont les produits forment des nombres supérieurs à la table que nous donnons dans le livre de l'élève. Habituez les enfants à faire un usage constant de l'inversion des facteurs : 6 fois 3 = 3 fois 6, 9 fois 2 = 2 fois 9; etc. C'est un grand soulagement pour la mémoire, en même temps qu'un exercice de raisonnement des plus utiles.

Quoique divisée, la difficulté est encore grande. Nous recommandons instamment aux maîtres de ne pas se presser; de faire apprendre à la fois quelques

---

1. Remarquons cependant que si, dans le cours d'une opération, nous pouvons choisir à notre guise le multiplicateur et le multiplicande, quand il s'agit de nombres concrets, de groupes réellement existants, le multiplicande est toujours, rationnellement, le nombre indiquant la valeur du groupe.

nombres seulement, et de ne passer à d'autres nombres que lorsque ceux-ci seront parfaitement retenus. De cette manière, les enfants mettront, il est vrai, un peu plus de temps à apprendre cette table restreinte, mais ce temps ne sera pas perdu. Chaque leçon devra comprendre de petits exercices de *démonstration* analogues à ceux qui précèdent; ces exercices devront être faits, dans les premiers temps du moins, sur les nombres mêmes dont il s'agit de leur faire apprendre le *produit* dans cette leçon. L'instituteur profitera de cette sorte de halte pour exercer le raisonnement des enfants à reconnaître les cas où doit être appliquée l'opération de la multiplication. L'énoncé des questions qui comportent une *addition* ou une *soustraction* désigne clairement l'opération qui est à faire : il n'en est pas de même pour la multiplication; les conditions de problème auxquelles correspond cette opération sont beaucoup moins facilement saisies par l'intelligence des enfants; il faut donc commencer de bonne heure, graduer, et multiplier les exemples raisonnés. Ne nous plaignons pas d'y consacrer un long intervalle; passer vite serait ici une faute considérable.

Pendant le laps de temps consacré à l'étude de la table de multiplication, l'instituteur dans chaque petite leçon soumettra aux enfants des problèmes tels que ceux qui suivent, en faisant usage des combinaisons de nombres qui leur sont connues.

SÉRIES D'EXERCICES DE RAISONNEMENT, ET PETITS PROBLÈMES SUR LA MULTIPLICATION.

PREMIÈRE SÉRIE.

Exemples de questions et d'exercices sur des groupes (d'objets) existant simultanément et bien définis.

« Il y a dans le verger 3 rangs de poiriers, et dans chaque rang il y a 4 poiriers. Pour savoir ce qu'il y a de poiriers en tout, quelle opération faut-il faire? »

(Si les enfants hésitent, figurez sur la table 3 rangs de 4 cubes ou cailloux représentant les poiriers. Ce procédé s'applique également à tous les autres cas.)

« Quel est le multiplicande? le multiplicateur? quels sont les facteurs? quel est le produit? »

« Dans chacune de ces 5 boîtes il y a 3 jetons. » — Mêmes questions.

« Je descends 4 boules sur chacune des 3 premières tiges du boulier. » — (Faites la démonstration.) — Mêmes questions.

« Il y a sur le marché 2 rangs de chevaux de 7 chevaux chacun.... »

« Il y a 3 rosiers dans chacune des 5 plates-bandes du jardin. »

DEUXIÈME SÉRIE.

Exercices de raisonnement sur des groupes d'objets réalisés, mais non simultanément.

« J'ai mis 2 sous dans ma tirelire, chaque soir, pendant quatre jours. » — Mêmes questions. — L'en-

fant doit concevoir 4 groupes, qui pourtant n'ont pas
eu de réalisation simultanée.

« J'ai donné 3 bons points à Victor tous les jours
de la semaine dernière.... (6 jours.) »

« J'ai cueilli 3 poires chaque jour, depuis 6 jours,
et je les ai mises dans ma corbeille. Pour savoir combien il y en a maintenant, quelle opération faut-il
faire? » — Mêmes questions que précédemment.

TROISIÈME SÉRIE.

Groupes d'objets non réalisés.

« Vous savez que pour faire un carré (avec les petites bûchettes) il me faut 4 bûchettes : combien me
faut-il de bûchettes pour faire 3 carrés? » — Réalisez
ces groupes, si l'enfant ne peut les imaginer.— Faites
les mêmes questions que précédemment.

« Je veux savoir combien il faut de pommes pour
pouvoir en donner 3 à chacun de mes 5 élèves? »

« Une orange coûte 15 centimes : combien coûteront
5 oranges? »

QUATRIÈME SÉRIE.

Quantités non discontinues.

« J'ai 3 vases qui contiennent chacun 2 litres de
vin : je veux savoir, etc. »

« J'ai 5 boîtes qui contiennent chacune 4 grammes
de sel.... »

« Voici 3 rouleaux d'étoffe; dans chacun il y a 4 mètres d'étoffe.... »

« Un tisserand tisse chaque jour 4 mètres de toile : je veux savoir combien il en tisse en une semaine (6 jours de travail). »

CINQUIÈME SÉRIE.

Quantités ayant une existence purement abstraite, et qu'il faut se représenter comme existant réellement, afin de les grouper.

« J'ai fait 5 lieues par jour pendant 4 jours, etc.... »

« J'ai fait 4 fois le tour d'une plaine qui a 3 lieues de tour : je veux savoir quel chemin j'ai parcouru. »

« Je passe chaque jour 3 heures au travail : combien ai-je fait d'heures de travail en 6 jours? »

« 3 ouvriers travaillent ensemble pendant 8 heures à creuser un fossé : combien ce fossé a-t-il coûté d'heures de travail? »

« Il me faut 6 minutes pour lire une page : combien de temps me faudra-t-il pour lire 4 pages? »

SIXIÈME SÉRIE.

Quantités se rapportant à des mesures, qu'il faut grouper mentalement.

« Un mètre d'étoffe coûte 3 francs : pour savoir combien coûteront 2 mètres d'étoffe, quelle opération faut-il faire? » Mêmes questions que précédemment.

« Un jour de travail a été payé 5 francs : combien faut-il payer pour 4 jours de travail? »

« Un litre d'huile vaut 2 francs : combien coûteront 5 litres d'huile ! »

« J'ai un vase qui contient 3 litres, je le remplis

4 fois de vin, en versant chaque fois son conteuu dans un baril : cómbien ai-je mis de vin dans le baril ? Quelle opération, etc. »

« J'ai fait à cheval 3 lieues par heure pendant 4 heures : je veux savoir quel chemin j'ai parcouru. Quelle opération, etc., etc. »

« Pour 1 franc on donne trois mètres de ruban : combien donnera-t-on de mètres de ruban pour 5 francs? »

« Certains oiseaux font au vol une lieue en 3 minutes : combien leur faut-il de minutes pour faire 6 lieues? Quelle opération, etc. »

Faites bien comprendre aux enfants comment la *multiplication* répond aux conditions de ces divers problèmes et d'autres semblables, afin que, plus tard, ils soient conduits à appliquer *avec raisonnement* la même opération dans des cas analogues. Faites ensuite désigner le multiplicande, le multiplicateur ; évaluer le *produit*, et dire quelle nature d'unités représente ce produit.

IV. Le facteur 1.

Nous avons tenté, dans ce paragraphe, de faire bien comprendre à l'enfant le cas particulier où l'un des facteurs est l'*unité*, non en le faisant raisonner à part, comme si c'eût été une exception, mais en le faisant rentrer sous la règle générale. Nous faisons considérer, par exemple, 1×3, comme 3 quantités de 1 unité chacune. De même 6×1 sera pour nous 1 seul groupes de 6 unités. Cela bien compris, faites retenir cette conclusion sous forme de règle : « Le produit de deux facteurs dont l'un est l'unité est « égal à l'autre facteur. »

V. Pratique de l'opération.

Nous nous sommes bornés ici à faire comprendre le principe de la multiplication d'un nombre de *plusieurs* chiffres par un nombre d'un seul chiffre.

Nous avons évité la *retenue* pour ne pas compliquer le raisonnement. Nos nombres sont donc forcément composés do chiffres tels que le produit de chacun ne dépasse pas 9. (Dans le cas du multiplicateur 2, vous pouvez former vos nombres avec les chiffres 1, 2, 3, 4, avec le multiplicateur 3 : 1, 2, 3, avec 4 : 1, 2, avec 5 : 1 seulement; ceci soit dit pour rendre plus rapide la composition des nombres servant aux exercices.)

Faites faire des problèmes analogues à ceux que nous avons offerts plus haut, en remplaçant le multiplicande d'un seul chiffre par des nombres de deux ou trois chiffres.

VI. Le zéro au multiplicande.

La présence du zéro au multiplicande pourrait embarrasser les enfants, si nous ne leur raisonnions ce cas spécial. La manière dont nous devons le leur faire envisager a été suffisamment indiquée plus haut.

VII. Multiplication par 10.

Nous aurons besoin dans le système métrique de multiplier certaines quantités par 10. C'est pour cela que nous traitons ce cas spécial. D'ailleurs il tient si essentiellement à la numération, que nous n'avons pas cru devoir l'ajourner. La multiplication par 100, par 1000, etc., sera enseignée lorsque nous aurons fait observer aux enfants les rapports de deux ordres non consécutifs dans la numération.

Insistez sur cette inversion : 10 fois 3 = 3 fois 10, c'est-à-dire 3 dizaines.

Rappelant ce que vous avez dit au sujet de la multiplication d'un nombre comprenant plusieurs ordres, faites remarquer que pour multiplier un certain nombre par 10, il faut multiplier par 10 les unités de chacun des ordres qui le composent, et qu'ici ces multiplications partielles se font toutes à la fois.

DIVISION.

La division est une opération difficile dans la pratique, mais dont le principe est très-facile à saisir sous la forme que nous lui avons donnée. Si l'instituteur veut bien se rappeler les rapports que nous avons établis entre les opérations arithmétiques (1ʳᵉ année, *Manuel des Maîtres*), il se rendra compte de notre manière de considérer l'opération.

La *division* est l'opération *inverse* de la multiplication, ainsi qu'il est exprimé par cette belle et simple définition : « La division est une opération par laquelle, étant donné un produit et l'un des deux facteurs de ce produit, on cherche l'autre facteur. » Nous marquons, par le procédé de démonstration concrète, cette *opposition* entre la division et la multiplication. Nous faisons en même temps remarquer que la division est *secondaire* de la soustraction, de même que la multiplication est *secondaire* de l'addition. La division peut être, en effet, considérée comme une soustraction abrégée : étant donné le dividende, on peut en soustraire d'abord autant d'unités qu'il y en a au *diviseur* (nombre indiquant combien on doit former de groupes partiels), en mettant *une unité* dans chaque part, puis recommencer à soustraire une seconde fois le diviseur, etc. (comme il est indiqué au livre de l'élève), et ainsi de suite jusqu'à ce qu'il ne *reste plus rien* au dividende (1er cas, Division exacte), ou que le reste soit inférieur au *diviseur*, c'est-à-dire ne contienne plus assez d'unités pour qu'on puisse en ajouter une à chaque part. (2e cas, Division avec reste.)

Le *quotient* indique alors combien chaque groupe partiel contient d'unités.

Cette manière d'opérer conduit très-facilemet à l'idée du *reste;* nous l'employons dans le deuxième paragraphe. Ne pouvant enseigner à l'enfant à faire des divisions (si ce n'est peut-être dans les cas les plus élémentaires), nous avons voulu lui donner un procédé pratique, nous réservant pour l'année prochaine de déduire les conséquences de ce procédé *élémentaire et naturel* de *division concrète.*

I. But de l'opération.

Après avoir développé et retourné en tout sens l'idée de partage jointe à celle d'égalité des parts, reprenez on *sens inverse* la démonstration de la multiplication.

Avec les cubes, formez trois colonnes contiguës de douze cubes (1re position) et séparez les trois colonnes (2e position).

Avec les bûchettes, avec des cubes ou de petits cailloux posés sur la table, faites succinctement la démonstration *concrète* de la multiplication et de la division, pour bien montrer *à l'œil* et à la raison de l'enfant leur opposition directe. Ce sera répondre à cette question des enfants qui observent : « Pourquoi commence-t-on la multiplication par la droite, et la division par la gauche? » — Variez les exercices indiqués au livre de l'élève.

II. Procédé concret de la division.

En divisant, ainsi que vous le faites dans le précédent paragraphe, un groupe d'objets représentant des unités, en un certain nombre de groupes égaux, 12, par exemple, en 4 groupes de *trois unités*, remarquez que cette manière de procéder suppose le *quotient* déjà connu : vous savez qu'il y aura 3 unités dans chaque part, et vous agissez en conséquence. C'est donc un moyen de démonstration et non un procédé d'investigation. Si vous supposez le *quotient* inconnu, vous devez répartir successivement les unités dans chaque groupe, enlevant du dividende autant d'unités qu'il y a de groupes à faire (c'est-à-dire *d'unités au diviseur*), et recommençant jusqu'à ce que le dividende soit épuisé : ceci est le procédé *primitif* de soustraction successive; il répond *directement* à la théorie de la *division*. Remarquez qu'on peut se proposer un but différent : un dividende étant donné, ainsi que la grandeur de chacune des parties, on peut se demander combien il y aura de parts. Le rôle du diviseur et celui du quotient sont ici intervertis, et cette manière de procéder, qui peut sembler plus simple, se rattache moins directement à la théorie de la *division* considérée dans le sens absolu.

Faites ces démonstrations aux enfants avec des cubes, des baguettes, des fruits, de petits cailloux, etc., en choisissant les nombres de telle sorte qu'il n'y ait pas de reste. Faites disposer les groupes *symétriquement*.

Proposez maintenant de partager un nombre qui ne donne pas un quotient exact; et quand l'enfant se sera arrêté court en disant : « Il n'y en a pas assez, il en manque, » ce qui est l'équivalent de *il en reste*, lui faire mettre ce *reste* à part.

L'égalité des parts étant la condition de la division, montrez à l'enfant qu'un *reste* ne renfermant pas assez d'unités pour qu'on puisse en mettre une de plus dans chaque part (ce que l'on exprime en disant : augmenter le quotient d'une unité), on ne doit pas distribuer les unités de ce reste dans l'un ou l'autre des groupes *parce que les parts formées par ces groupes cesseraient d'être égales*.

Cela compris, vous exercerez l'enfant à faire de petites divisions, toujours d'une manière concrète.

Nous nous arrêtons ici pour cette année. Cependant, si les maîtres le jugeaient à propos, suivant l'âge et l'intelligence de leurs élèves, ils pourraient, s'appuyant sur ce principe désormais bien compris que la division est l'inverse de la multiplication, leur faire trouver le *quotient* des nombres les plus simples, pris en sens inverse dans la *table de multiplication*. Ils s'expliqueraient alors à peu près en ces termes :

« Puisque 3 fois 4, c'est-à-dire 3 groupes de 4 objets réunis font 12 objets, 12 peut se diviser en 3 groupes de 4 unités. ».

Et ils emploieraient la démonstration concrète à l'appui de leur explication. Cela fait, ils pourront habituer l'enfant aux inversions *raisonnées* que voici :

« 3 fois 2 font 6. Donc il y a dans 6, 3 groupes de 2 : 6 divisé par 3 donne 2. 2 est le *quotient*. »

« 2 fois 4 font 8 : en 8 il y a 2 fois 4, donc 8 divisé par 2 donne 4 au quotient. »

Cette formule : en 8 il y a 2 fois 4, ou l'interrogative : en 8 combien y a-t-il de fois 4? est très-bonne : elle est courte et simple, et rappelle très-bien l'idée d'une multiplication *défaite*.

On pourra procéder ainsi pour les nombres les plus simples. Toutefois, dans la majeure partie des cas, nous ne voyons aucun inconvénient à ajourner ceci à la prochaine année : il faut craindre par-dessus tout de surmener l'intelligence des enfants, particulièrement sur des choses qui restent toujours un peu *abstraites*, malgré tous nos efforts.

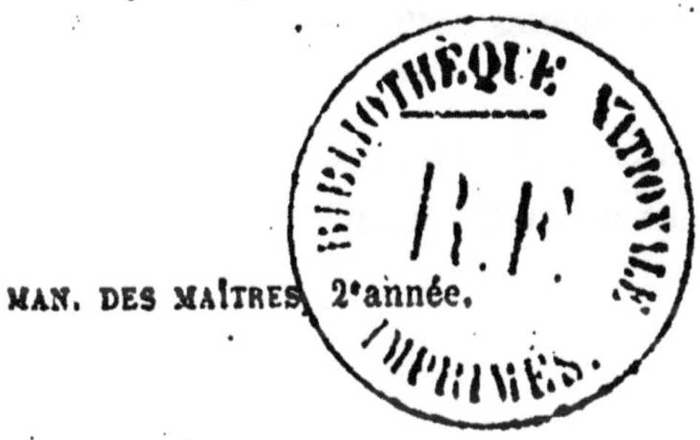

LES FRACTIONS.

Les fractions en arithmétique sont l'épouvantail des élèves. Cet effroi tient sourtout à deux choses : la première, c'est que la théorie des fractions est exposée d'une manière abstraite ; la seconde, que l'étude en est commencée trop tard.

Expliquons-nous sur ce dernier point.

Les enfants, habitués à ne jamais considérer que des nombres entiers, éprouvent de la surprise et sont déroutés totalement, quand on vient pour la première fois leur parler des parties de l'unité. Si au contraire on leur présente de bonne heure l'idée de *fraction* dégagée de toute particularité, en développant graduellement ses conséquences, les voies s'aplanissent peu à peu, et l'enfant arrive à raisonner exactement, à calculer sans effort les divers problèmes que présentent les nombres fractionnaires. C'est pourquoi nous commençons, dès la présente année, à donner à nos jeunes élèves l'idée de l'unité divisée en parties égales, idée simple, claire s'il en fut, et aussi facile que toute autre idée claire et simple comme elle : ne nous effrayons donc pas du mot *fraction*, placé en tête du présent paragraphe.

I. Les parties de l'unité.

Pour donner à l'enfant la notion des parties égales de l'unité, prenez un objet de forme régulière, facile à diviser, et dont les parties offrent une certaine symétrie, afin que le coup d'œil ne contredise pas votre assertion quand vous direz que l'unité est divisée en parties égales.

Chacune des parties égales que nous formons en divisant l'entier est donc une *fraction* de cet entier.

Contentons-nous, pour le moment, de cette simple notion; nous la compléterons plus loin, lorsque nous dirons que la réunion de plusieurs de ces parties en nombre insuffisant pour recomposer l'entier est encore une fraction. Nous savons sans doute qu'il y a des fractions dont le rapport avec l'entier est *incommensurable*, mais ce cas ne peut être abordée avec d'aussi jeunes élèves.

Faites désigner comme fractions :

1° Les parties d'un tout solide régulièrement partagé.

2° Les parties d'un tout *liquide* (ou composé de parties mobiles), pris pour unité, comme le litre : ½ litre, ¼ de litre. Vous opérerez ce fractionnement en divisant entre 2, 3, 4 vases le contenu d'un litre (liquide, sable, grains, etc.). Ceci a pour but de préparer l'enfant à la subdivision d'une quantité prise arbitrairement pour unité, et aura son application dans nos petites notions de système métrique. C'est en outre une étape vers la division de l'unité d'étendue, ou division des lignes et surfaces. (Voyez nos *Premiers éléments de géométrie pratique*.) Faisant ensuite remarquer qu'un objet (ou quantité), considéré seul, à part de tout autre objet ou quantité semblable, est une *unité*, vous concluez par cette formule : Une fraction est une partie d'unité.

Faites nommer les fractions familières $\frac{1}{2}$ $\frac{1}{3}$ $\frac{1}{4}$.

II. La recomposition de l'entier.

Divisez un objet dont les parties rappochées reconstituent facilement la figure de l'entier : tels sont, par exemple, une pomme, un gâteau, etc.

Faites remarquer, en ôtant l'une des parties, que si *toutes les parties* ne sont pas réunies, n'en manquât-il qu'une, l'entier n'est pas reconstitué : la somme de ces parties n'est toujours qu'une fraction.

Faites la même démonstration avec un litre d'eau, divisé en 4 portions à peu près égales, versées dans 4 vases.

Exercez les enfants à dénommer des fractions (sans les écrire) : indiquez en combien de parties l'unité a été décomposée, et faites désigner le nom de ces parties. Insistez sur les dixièmes et les centièmes.

III. Dénomination de la fraction.

Exercez les enfants à désigner combien il faut de cinquièmes, de dixièmes, de quinzièmes, etc., pour recomposer l'unité : cette contre-partie est très-importante pour fixer dans l'esprit des enfants la *valeur* de la fraction. Et en outre rien n'est plus facile, puisque le dénominateur l'indique lui-même.

CHAPITRE V.

GÉOMÉTRIE APPLIQUÉE.

Certaines personnes, en jetant un coup d'œil sur le livre de l'élève, trouveront peut-être que nous accordons trop d'importance à une étude jusqu'ici restée en dehors de l'instruction primaire.

Nous ferons observer à ces personnes que nous avons écarté de cette étude tout point de vue abstrait, tout raisonnement compliqué. L'Arithmétique, par sa nature, exige des opérations d'abstraction et de raisonnement : aussi, malgré notre attention à lui donner une forme qui frappe les regards, elle demandera toujours une certaine tension d'esprit. Dans la géométrie appliquée, rien de semblable n'est à craindre. Nous n'invitons l'enfant qu'à *regarder*, et à comprendre par un raisonnement simple, *immédiat*, ce qu'il regarde. Si nous parlons à l'enfant des lignes *égales*, c'est en les lui faisant appliquer l'une sur l'autre pour en constater l'égalité. Si nous lui faisons construire de petites figures géométriques, c'est à l'aide de bûchettes et de solides faciles à manœuvrer. Remarquons en outre que nous ajoutons peu de chose au programme de l'année dernière, nous développons plutôt que nous n'étendons.

Nous n'avons pas *créé* l'enseignement de la géométrie; il *est implicitement* contenu dans toutes les autres parties de l'enseignement. Nous n'avons fait que rassembler les notions éparses qu'on est *raisonnablement obligé* de donner au cours de diverses leçons, et nous les avons réunies, reliées, développées un peu, afin de profiter des avantages et des facilités que l'ordre donne en toutes choses. La preuve que les notions premières de la forme sont disséminées dans l'enseignement, c'est que vous ne pouvez pas dire aux enfants ce que c'est que *mesurer* à l'aide d'un *mètre* (première notion du système légal des poids et mesures) sans lui expliquer que ce mètre est la mesure des *longueurs*, des lignes. Pour expliquer les divisions du mètre, il faut la *division d'une droite en parties égales :* bon gré, mal gré, il faut en venir là; comme il faut, quand nous prononçons ce mot : mètre carré, expliquer ce qu'est un *carré.* De même pour le litre, le stère. De même, en géographie, quand on veut expliquer à l'enfant que la terre est une *sphère.* Enfin, si on veut qu'il comprenne une carte géographique, il faut bien lui expliquer ce que c'est qu'un *plan.* — Nous ne dépassons pas ces limites cette année; nous ne faisons que présenter les notions avec méthode, ce qui les rend plus nettes, et leur donne plus de relief.

I. Le solide.

Rappelez la notion du solide. Tout corps est un solide, et tout solide a trois dimensions. Rappelez encore l'idée de *forme*, qui contient celle de contour, et conduit à l'idée de *surface*. Servez-vous pour ces explications du premier objet venu.

Faites reconnaître pour *solides*, c'est-à-dire comme pourvus des trois dimensions, des objets dont quelques-unes des dimensions soient petites; par exemple une feuille de papier, un fil tendu, qu'on pourrait confondre avec une *surface* et une *ligne*. Développez ce qui a été dit l'année dernière à cet égard. Évitez d'employer des formules de langage pouvant faire équivoque entre le sens géométrique du mot *solide*, et son acception physique par opposition à liquide.

II. La surface plane.

On arrive à l'idée de *surface* en faisant abstraction de l'intérieur d'un corps, c'est-à-dire en considérant seulement la limite de l'espace occupé par lui. Remarquez que c'est la *surface*, à proprement parler, qui donne la *forme* [1]. La Géométrie distingue deux sortes de surfaces : les surfaces planes, celles où une *ligne droite* peut-être appliquée dans *toutes* les directions; et les surfaces *courbes*, celles qui ne jouissent pas de cette propriété. Cette distinction est

1. Extérieure.

facile à faire à l'aide d'une règle bien droite, ainsi que nous l'avons indiqué. Faites de cette épreuve une sorte de jeu ; que l'enfant s'amuse à appliquer la règle sur les surfaces des objets environnants : son coup d'œil, son instinct de rectitude et de précision y gagneront.

Faites désigner des surfaces *planes*. Nous avons cité plus particulièrement le tableau, l'ardoise à dessiner, le papier posé à plat pour écrire, parce que cette notion nous sera utile à retrouver en parlant de dessin et de plan.

III. La surface courbe.

Faites multiplier les exemples des surfaces courbes. Habituez l'enfant à reconnaître à l'œil et à désigner les surfaces courbes, telles que les surfaces d'un vase, d'un tronc d'arbre, d'une voûte, d'une feuille de papier roulée, etc., etc.

IV. La sphère.

La *sphère*, le *cylindre* et le *cône*, ayant pour base le *cercle*, étaient appelés dans les anciens ouvrages de géométrie *les trois corps ronds*. Nous eussions attendu à l'année prochaine à parler des solides à surface courbe, si la géographie ne nous pressait de donner aux enfants la notion et le nom de la *sphère*. Présenter à l'enfant une sphère, c'est à peu près tout ce que nous pouvons faire pour le moment ; il faut nous en contenter. Insistons sur cette idée que tous les points de la surface d'une sphère sont identiques, qu'une sphère n'a (par elle-même) ni haut ni bas. Nous n'avons pas voulu, pour le moment, faire tracer des cercles sur la sphère, ce qui eût entraîné l'idée de section par un plan. D'autre part la surface de la sphère est continue, elle n'offre aucune arête, aucune ligne d'intersection que nous puissions faire remarquer à l'enfant : bornons-nous donc à lui indiquer que le contour d'une sphère offre dans tous les sens la forme d'un cercle.

Faites distinguer la sphère des autres solides à surface arrondie et continue, tels que *l'œuf*, en faisant remarquer que dans ces solides toutes les parties n'ont pas la même forme, qu'ils sont allongés ou rétrécis dans un sens, etc., etc.

V. Le cylindre.

La forme cylindrique étant très-simple, très-fréquemment employée, nos petits élèves n'auront aucune difficulté à la reconnaître. Faites remarquer dans le cylindre, un crayon *non taillé* étant pris pour exemple :

1° L'application possible de la ligne droite dans le sens de la longueur;

2° La courbure dans le sens transversal;

3° Les deux cercles égaux servant de bases au cylindre.

On pourrait indiquer aussi un tuyau, mais le crayon

offre deux bases planes circulaires réellement existantes, tandis que dans un corps creux, les surfaces
des bases faisant défaut, le contour seul du cercle se
montre à l'œil.

Pour faire remarquer l'égalité des dimensions de
largeur et d'épaisseur dans toute la longueur d'un
même cylindre, vous pouvez, imitant ce que nous
avons déjà fait pour le cube l'année dernière, poser
votre crayon en longueur sur le papier et tracer le
long des deux côtés deux lignes qui seront parallèles.
Pour prouver l'égalité des deux bases, prenez un cylindre un peu gros, plein ou creux, peu importe à ce
moment, et traçant avec un crayon son contour sur
une feuille de papier, montrez que l'autre cercle s'y
superpose exactement. La méthode générale do *superposition* que nous avons adoptée est à la fois scientifique (voyez les traités de géométrie), et saisissable
par les sens ; c'est un procédé avantageux dont il ne
faut pas nous départir.

Faites désigner des objets cylindriques, et les usages auxquels cette forme se prête. Remarquez ici
une distinction qu'il est important de faire dans les
termes, si nous voulons conserver de la précision. Un
crayon non taillé est un cylindre; mais un objet tel
qu'un tambour qui, affectant la forme générale du cylindre, a des ornements, des détails qui altèrent la
simplicité de cette forme, n'est pas un cylindre. Il
faut dire, pour être exact, que ces objets ont à peu
près la forme du cylindre, ont pour base un cylindre, ou employer toute autre formule marquant le
degré de similitude entre l'objet et le cylindre. Cette

observation s'applique à tous les objets dont la forme est visiblement en rapport avec une base géométrique.

VI. Le cône.

Nous eussions pu omettre le *cône*, dont nous n'avons à faire aucune application pressante, mais nous avons dû compléter la série des trois corps ronds ; et en outre, le *cône* nous paraît propre à faire mieux ressortir par le contraste les propriétés du cylindre, savoir les deux bases égales, et l'égalité de largeur et d'épaisseur dans toute la longueur de ce solide.

Montrez un cône plein. A son défaut roulez une feuille de papier fort, ou de carton léger, en forme de cône. Pour cela, tracez un demi-cercle sur une feuille de papier, découpez-en exactement le contour et le diamètre. Lorsque vous roulerez le papier, l'endroit ou vous avez appliqué la pointe fixe du compas deviendra le sommet du cône.

Si au lieu d'une corde vous tracez deux rayons, le cône sera d'autant plus évasé que les rayons seront plus écartés. Découpez suivant ces deux rayons, et collez-les l'un sur l'autre.

Un simple cornet de papier peut suffire pour montrer une ressemblance avec le cône, mais présenté tout d'abord, avant qu'on eût montré la forme exacte de celui-ci, il donnerait une idée fausse et incomplète.

Faites reconnaître la forme conique approximative dans un pain de sucre, un entonnoir, le toit d'une tourelle, etc., etc.

Nous ne parlons pas en ce moment du *cône* tron-
qué, quoique ses applications soient plus répandues
que celles du cône complet.

VII. Les lignes.

Nous allons dire maintenant quelques mots des lignes et des figures planes. Nous dirigerons le coup
d'œil de nos élèves, et nous leur ferons tirer les conséquences immédiates de l'observation des lignes,
évitant toute démonstration autre que celle de la *superposition*. Rappelez aux enfants que le contour d'une
surface, ce qui la délimite, est une ligne (c'est-à-dire
la suite de points de l'intersection de cette surface par
une autre). Habituez-les à reconnaître pour lignes les
arêtes des corps solides. Tracez sur le papier le contour de plusieurs objets familiers, et donnez le trait
comme la représentation de la ligne mathématique
que l'enfant pressent, quoi qu'il ne puisse la définir.
Faites-lui remarquer qu'en employant des baguettes
pour figurer des lignes, il ne faut s'occuper ni de
leur largeur ni de leur épaisseur (qui sont très-sen-
sibles), mais seulement de leur longueur, et de leur
direction. Tout ceci a déjà été indiqué l'année dernière; ne craignez pas d'y revenir et d'y insister,
toujours avec la preuve en main, la démonstration
par les yeux.

Faites représenter par les enfants diverses lignes
brisées à l'aide des petites bûchettes. Comme ils font
maintenant des exercices d'écriture, il est temps de
s'occuper de la légèreté et de la précision de la main,

du tracé, en un mot. En habituant les élèves à copier
sur le papier quelques contours simples, figurés sous
leurs yeux avec les bûchettes (voir le *Manuel de première année*), vous rendrez ce petit exercice attrayant
et facile, et le tracé de l'écriture s'en ressentira cer-
tainement.

Enseignez à l'enfant à tracer des lignes droites, sur
l'ardoise à l'aide d'une règle, sur le sol à l'aide d'un
cordeau frotté de craie, si vous ne l'avez fait déjà. In-
vitez-le à mêler à ses jeux ce dernier exercice; à vérifier si une ligne est droite, en présentant le long
de cette ligne un cordeau tendu raide.

VIII. Égalité des surfaces et des lignes.

Donnez à l'enfant l'idée de l'égalité en lui présentant :

1° Des surfaces égales, découpées avec du papier;

2° Des lignes égales, représentées par des baguettes.

Faites superposer et reconnaître comme égales diverses figures de papier découpé. Le papier, nous l'a-
vons dit l'année dernière, offre mille ressources à
l'instituteur. Les figures égales, destinées à la superposition, peuvent se faire en quelques coups de ciseaux. Nous recommandons d'employer, dans les premiers exercices surtout, du papier de différentes
couleurs, afin d'exercer l'enfant à faire en certains
cas abstraction des couleurs pour ne considérer que

la forme, la grandeur des surfaces et des lignes, enfin, ce qui est l'objet de la géométrie.

Faites remarquer que, lorsque deux surfaces (figurées par des figures découpées en papier) sont égales et se superposent exactement, les lignes des leurs contours se superposent aussi, et sont égales.

Faites faire la superposition de plusieurs baguettes représentant des lignes, abstraction faite de leur épaisseur et de leur largeur. Montrez d'abord des baguettes égales, puis inégales, pour habituer l'enfant à porter un jugement prompt et sûr. Ne craignez pas d'insister sur la superposition des lignes, en faisant superposer : 1° des baguettes entre elles; 2° des baguettes à des lignes tracées sur le tableau; 3° les bords des feuilles de papier taillés en ligne droite aux baguettes, et aux traits marqués à la craie. Ce petit exercice, si naïf qu'il paraisse, et justement parce qu'il est naïf, a son importance : il prépare les enfants à l'idée précise de la mesure des lignes à l'aide du mètre, etc., etc.

IX. La division de la ligne droite.

Pour amener les élèves à l'idée de la subdivision de la ligne, et en particulier aux divisions du mètre, exécutez devant eux, en les faisant autant que possible prendre part à ces exercices, les petites opérations décrites avec détail dans le livre de l'élève.

Arrivez, par une transition ménagée (ainsi qu'il est indiqué dans le livre de l'élève), à la division des lignes tracées à la craie. D'abord vous divisez les parties en effacant la ligne à l'endroit de la division, ce qui produit le morcellement de la ligne ainsi interrompue; puis vous marquez la division par un simple trait transversal. Au moyen de toutes ces gradations, qu'on trouvera peut-être minutieuses, les enfants ne rencontreront aucune difficulté, et franchiront sans s'en apercevoir des obstacles qui les eussent peut-être arrêtés en face des divisions du mètre. Ne négligeons donc pas de prendre ces précautions, si faciles du reste.

X. Les angles.

Rappelez le souvenir des angles; renouvelez l'exercice qui consiste à les reconnaître et à les distinguer en droits, aigus, obtus, par le simple coup d'œil. Faites la superposition indiquée. La difficulté ici est d'exercer les enfants à faire abstraction de la longueur des côtés, pour ne se préoccuper que de leur écartement constituant l'angle. Ce point délicat est capital : ne craignons pas de consacrer le temps nécessaire à la répétition et à la multiplication variée des exemples.

Lorsque les enfants sauront bien juger un angle au seul écartement des côtés, sans tenir compte de leur longueur, le reste de ces petites notions de géométrie ne sera plus qu'un jeu.

XI. Les angles droits.

Pliez une feuille de papier de dimension un peu grande, ainsi qu'il est indiqué, pour représenter quatre angles droits et égaux; fabriquez par ce procédé primitif autant de petites équerres que vous voudrez, et distribuez-les aux enfants, en leur faisant un jeu de vérifier les angles droits de la construction de leurs livres, cahiers, boîtes, des meubles, etc., etc. Liberté entière : il ne faut pas donner ces exercices comme un devoir, mais comme un plaisir de l'esprit. Vous avez fait la démonstration, tout le monde a dû la bien voir, cela suffit; encouragez un ou deux élèves, des plus intelligents, à répéter les exercices aux heures de la récréation, et à se faire imiter par les autres. Vous n'aurez sans doute qu'à modérer leur zèle dans l'exécution.

XII. Les perpendiculaires et les parallèles.

Rappelez le souvenir de la perpendiculaire. L'année dernière nous nous étions contentés de dire que la perpendiculaire ne penche ni d'un côté ni de l'autre, et d'en appeler au jugement de l'œil. Cette fois, à l'aide de la superposition, rendons la définition plus rigoureuse : *L'angle droit résulte de la rencontre de deux lignes perpendiculaires.* Cet angle équivaut à la largeur d'un quart de cercle. Si l'une des lignes était prolongée au delà du sommet de l'angle, il y aurait alors deux angles, et ces deux angles droits seraient égaux entre eux. Si les deux lignes formaient une croix, il y aurait quatre angles semblables.

Nous n'avons rien à ajouter, pour le moment, au sujet des parallèles. Rappelez ce que nous en avons dit l'année dernière; faites encore remarquer que deux

lignes parallèles (c'est-à-dire placées à égale dis
tance dans toute leur longueur) ne se rejoignent pa
et par conséquent ne forment pas d'angle. Dans la ri
gueur géométrique, c'est cette propriété de ne point
se rencontrer, quelque prolongées qu'on les suppose,
qui sert de définition aux parallèles; leur égalité de
distance en est déduite comme conséquence. Nous
avons dû procéder d'une manière inverse, parce que
les enfants peuvent difficilement imaginer le prolongement idéal de la ligne. Si on se contentait de dire :
les lignes parallèles sont celles qui ne se rencontrent
pas, l'enfant pourrait prendre pour parallèles des lignes simplement obliques, non prolongées jusqu'à
se rencontrer.

XIII. Les polygones, les triangles.

Découpez plusieurs triangles en papier. Faites ces
triangles de formes très-diverses, car il arrive souvent
que des enfants ont été habitués à ne voir que le triangle équilateral (à côtés égaux), et éprouvent de la difficulté à reconnaître pour triangles ceux qui ont des
côtés inégaux.

Faites construire des triangles équilatéraux avec
les baguettes, en faisant remarquer 1° l'ouverture des
angles; 2° les sommets de ces angles; 3° les côtés.

Superposez des triangles égaux. Ce petit exercice
proposé aux enfants a ceci d'intéressant pour eux que,
pour superposer des triangles, il faut trouver les côtés correspondants, excepté pour le triangle équilaté-
ral qui se superpose dans tous les sens, et les triangles

isocèles (à deux côtés égaux) qui ont deux sens de superposition. Nous ne donnons pas cette année la distinction des trois espèces de triangle.

XIV et XV. Le carré et la diagonale.

Rappelez la définition du carré donnée l'année dernière. Nous nous étions bornés à soumettre au jugement de l'œil l'égalité des côtés et des angles : faisons-la vérifier cette fois par superposition. Pour l'égalité des côtés, pliez un carré de papier (rendu exact au moyen du procédé décrit dans le *Manuel de première année*), de manière à appliquer l'un sur l'autre les deux côtés opposés. Évitez de marquer le pli, pour ne pas compliquer la démonstration à faire.

Pour l'égalité des angles, pliez le papier suivant la diagonale. Coupez votre carré pour le séparer en deux triangles. Superposez pour montrer une fois encore l'égalité des deux triangles. Répétez la même démonstration, mais cette fois sans couper le papier. Montrez le pli formant la diagonale : faites voir la superposition des angles et de deux des côtés.

Tracez au tableau un carré avec sa diagonale.

Tracez la diagonale du tableau lui-même, s'il est carré, ou de toute autre surface carrée un peu grande.

XVI. Les deux diagonales.

Tracez les deux plis diagonaux. Faites remarquer 1° la superposition des quatre côtés; 2° le point de rencontre des diagonales; 3° les quatre triangles, égaux, puisqu'ils se superposent; 4° le point de rencontre occupant le milieu du carré et le milieu de la longueur de chaque diagonale.

Distribuez aux enfants des carrés de papier, en leur faisant un jeu d'en trouver le milieu (ce que les géomètres nomment le *centre de figure*).

XVII. Le rectangle et ses diagonales.

Tracez les diagonales d'un rectangle dessiné au tableau, puis les surfaces rectangulaires. Faites-vous aider par les enfants à trouver le milieu de la surface d'une table, au moyen de ses deux diagonales tracées au cordeau frotté de craie. Si la classe est rectangulaire, faites la même opération sur le plancher : il est bon d'habituer l'enfant à considérer des étendues un peu vastes; cela nous servira dans l'étude du plan et de la carte géographique.

XVIII. Les figures qui ont plus de quatre côtés.

Faites observer aux enfants qu'il y a des figures présentant plus de quatre côtés, c'est-à-dire ayant une surface dont le contour est composé de plus de quatre lignes droites. Cette simple notion suffira pour faire comprendre aux enfants qu'il y a, en géométrie, autre chose encore que des triangles et des carrés. Faisons-les construire avec les petites baguettes des polygones un peu plus compliqués. Faites observer que toutes ces figures ont toujours juste autant d'angles que de côtés.

XIX et XX. La circonférence et le diamètre.

La démonstration du diamètre et de l'égalité des deux parties du cercle est suffisamment indiquée dans le livre de l'élève. Insistez sur l'idée de centre. Donnez aux enfants des cercles de papier afin qu'ils en trouvent le centre à l'aide de deux plis diamétraux. Faites apprendre les mots *circonférence* (contour) et *diamètre* (mesure transversale).

XXI. Le rayon.

Faites remarquer que le rayon est la moitié du diamètre. — Démontrez l'égalité des rayons par leur superposition. En pliant un cercle de papier en quatre, ou en huit, les rayons formés par les plis viennent s'appliquer l'un sur l'autre.

Faites remarquer comment l'égalité des rayons géométriques apprend à l'ouvrier charron que tous les rayons de bois de sa roue doivent avoir la même longueur, de telle sorte que, sachant cela, il est dispensé de prendre mesure pour chacun des rayons de sa roue, la mesure prise une fois suffisant pour tous. Montrez par cet exemple combien la science de la géométrie est nécessaire à l'ouvrier.

XXII. Tracé du cercle.

Faites tracer des cercles au cordeau sur le parquet ou dans la cour : faites remarquer que le cordeau figure le rayon du cercle, et que sa longueur restant la même dans toutes ses positions autour du centre nous prouve l'égalité des rayons du même cercle.

LE DESSIN ET LES PLANS.

Nous n'avons ici pour but que de faire remarquer aux enfants la représentation des objets par le dessin, et de les amener insensiblement, par l'idée intermédiaire de plan, à celle de la carte géographique. Quelques rapides réflexions feront comprendre pourquoi nous ne craignons pas de parler de plan géométrique à nos petits élèves.

Nous leur avons déjà appris à *lire*, à comprendre un dessin, c'est-à-dire à reconnaître la forme d'un objet par le dessin représentant cet objet. Quelles que soient les règles de géométrie descriptive qui servent de base à un dessin, surtout à la construction d'un dessin linéaire, l'effet est tellement net, parle tellement aux yeux, que l'enfant, séduit par les savants procédés du dessin, s'écrie au premier coup d'œil : « Voilà un chien ! une maison ! Ceci est la porte, voilà une grande fenêtre, en voici une petite, etc., etc. » Mais si les proportions diverses des figures situées à différents plans dans un tableau, les lignes *de fuite* de la perspective, ne l'étonnent point, c'est parce qu'il ne distingue rien de tout cela ; il ne voit ni le procédé ni le tableau : il voit la chose même. Nous connaissons un enfant qui, dessinant de sa fenêtre l'hôpital militaire du Val-de-Grâce, représentait à la fois l'extérieur de l'édifice, l'intérieur des salles, et les malades couchés dans leur lit. En dessinant, l'enfant voyait tout cela.

Un observateur attentif trouvera la preuve de ce que nous avançons dans les ébauches informes que trace la petite main inhabile de l'enfant. Indépendamment de la maladresse du tracé, ces essais prouvent que l'enfant n'a pas la moindre idée des proportions ni de la perspective. Il trace, par exemple, une toute petite maison, et auprès un *bonhomme* quatre fois plus grand que la maison. Dans la maison il fera apercevoir à la fois la façade et les deux pignons ; puis, son imagination aidant, il regarde son dessin avec une satisfaction naïve. Nous ne prétendons pas qu'il soit possible de redresser en un seul jour ces imperfections du sens de l'observation, du moins il faut préparer l'éducation des sens, en faisant réfléchir un peu l'enfant sur ces dessins qui parlent à ses yeux. Donnons-lui donc autant que possible l'idée de réduction et de proportion, en lui faisant remarquer 1° que les dessins n'ont pas d'ordinaire la grandeur de l'objet, et 2° que toutes les parties d'un objet figuré dans le dessin sont rapetissées autant les unes que les autres, c'est-à-dire *réduites* dans la même proportion. (Nous n'avons pas à nous occuper en ce moment de la perspective linéaire.)

De l'idée de dessin, accompagnée de celles de *réduction* et de *proportion*, deux choses que l'enfant sentira très-bien, quoiqu'il n'arrive pas à les définir, on peut arriver par une transition ménagée à l'idée de *plan géométrique*. Mais pourquoi donc chercher à en arriver là? demandera-t-on peut-être. C'est qu'il n'est pas possible d'étudier la géographie d'une façon intelligente et fructueuse sans se servir de *cartes*. Or il est contraire à la raison de mettre entre les mains de l'enfant un instrument, sans lui en faire comprendre l'usage. La carte géographique sera nécessaire dès l'année prochaine : il faut que nous préparions l'enfant à la comprendre et à s'en servir. Cette préparation doit commencer de bonne heure, parce qu'elle doit être amenée par une gradation insensible. Présenter d'emblée la carte à l'enfant de sept ou huit ans, c'est le condamner à n'y jamais rien comprendre. La *carte géographique* n'est autre chose qu'un *plan*, à très-petite échelle, d'une partie de la surface de la terre. C'est une représentation *géométrique*, où se trouvent forcément certaines abstractions difficiles à saisir. Mais si d'une part la carte touche au *plan*, de l'autre le *plan* touche au dessin, et peut être assimilé à un dessin fait dans certaines conditions relatives au point de vue. C'est ainsi que nous avons fait considérer aux enfants un *plan* comme étant le dessin d'un objet vu d'en haut, de manière à découvrir seulement la largeur et la longueur de cet objet, sans en voir l'épaisseur; partant de là, nous nous sommes efforcés de lui faire comprendre que ce mode de représentation, insuffisant pour faire connaître le relief des objets, fait au moins connaître leur position et leurs proportions. Du plan ainsi compris, à la *carte de géographie*, il ne reste qu'un pas à franchir. Ce pas, cette transition, consiste à faire considérer à l'enfant une vaste étendue, puis à lui faire admettre une réduction telle, que cette vaste étendue puisse être figurée sur une feuille de papier. Toutes ces gradations, nous les avons nuancées avec un soin minutieux, persuadés que la peine que nous nous donnons épargnera aux enfants des erreurs, et aux maîtres des fatigues.

I. Le dessin.

Faisons observer aux enfants que le dessinateur représente les contours des objets *tels qu'il les voit*, et qu'il ne saurait les voir tous à la fois. Lorsqu'on voit par exemple une pièce de monnaie du côté de la *face*, on ne la voit pas du côté du revers ; si on voit le dessus d'une boîte, on ne voit pas le dessous, si on voit l'extérieur d'une maison, on n'en voit pas l'intérieur, etc. Ajoutez que le dessin ne doit, en conséquence, représenter que les parties de l'objet visibles en même temps.

II. Réduction et proportion.

Présentez à l'enfant plusieurs dessins d'objets dont les dimensions réelles lui sont bien connues, afin de lui faire constater — ce qu'il n'a jamais peut-être songé à faire — que le dessin est généralement plus petit que l'objet.

Quant aux proportions, nous ne pouvons encore lui en donner les règles scientifiques, mais seulement y appeler son attention nullement avertie sous ce rapport. Exercez donc son jugement en lui montrant à la fois deux dessins d'un même objet, dont l'un ait certaines parties très-exagérées, et l'autre, au contraire, soit conforme à la nature. Par exemple, une figure d'homme dont la tête soit plus grosse que le corps, en présence d'une autre semblable où les proportions sont gardées : faites remarquer la laideur ridicule de la première, et l'aspect régulier de la seconde, saisissant cette occasion pour dire à vos petits élèves que ce qui est bien proportionné est beau, et ce qui est disproportionné est laid : idée féconde, idée d'ordre, qu'il faut jeter en passant, et que vous développerez ensuite à chaque occasion.

Il sera bon de donner plusieurs exemples de cette sorte : un seul peut convaincre l'esprit, plusieurs sont nécessaires pour exercer le coup d'œil.

III Le plan.

Dessinez au tableau le *plan* d'un ou de plusieurs objets, c'est-à-dire, en nous conformant à la définition approximative que nous donnons, le *dessin de leur partie supérieure*, vue d'en haut, faisant reconnaître sur ces plans l'absence des parties qui ne peuvent se voir dans la position où se trouve l'objet.

Faites successivement le *plan* d'un objet de forme simple, d'abord dans de grandes dimensions, puis dans des proportions plus petites.

IV. Le plan (suite)

Faites au tableau le *plan* d'un groupe d'objets simples, posés sur une table ou sur un pupitre. Répétez

sur ce *plan* des observations semblables à celles que
nous avons données dans le livre de l'élève : position
et proportion des objets.

Faites comprendre, à l'aide de quelques développements, que le plan est surtout destiné à marquer le
lieu, la position des objets à l'égard les uns des autres. Faites remarquer enfin que vous avez été obligé
de faire le plan en dimensions réduites, mais que vous
avez conservé les proportions.

V et VI. Le plan d'un terrain.

S'il vous est possible de conduire vos enfants à un
étage supérieur pour leur faire regarder d'en haut la
cour ou le jardinet, ne négligez pas cette importante
préparation expérimentale; que ce soit *avant* d'expliquer à vos élèves notre cinquième paragraphe; de telle
sorte que les premières lignes, répondant à leurs souvenirs, mettent leur imagination en activité. S'il vous
est loisible encore, faites un plan *colorié* d'une partie
au moins de cette même cour ou de ce même jardin :
ce plan fût-il imparfait, les élèves reconnaîtront les
parties représentées par les traits faits à main levée;
ceci obtenu, il n'y a plus de difficulté.

VII. Le plan d'un terrain (suite).

Étendez à un espace plus vaste cette notion de *plan*
telle que nous l'avons donnée. Tracez au tableau, de
mémoire, le plan d'un champ si vous êtes à la campagne, d'une place publique si vous êtes à la ville, et

choisissez le champ ou la place où vont jouer vos petits enfants; qu'ils en reconnaissent la forme, qu'ils comprennent comment vous désignez sur le plan la position des accidents de terrain, etc., etc. Ajoutez alors simplement que, vue du haut du clocher, la place offre cette disposition.

Dites encore qu'on peut faire ainsi le plan de tout un village, de tout un pays. Bornez-vous pour le moment à indiquer cette idée, nous la développerons en parlant des cartes *géographiques*.

Nous invitons les maîtres et maîtresses à ne pas perdre de vue les *jeux géométriques* dont nous avons longuement parlé, et offert des exemples, l'année dernière : groupements de cubes, de triangles, etc., figurant des mosaïques très-simples, petites constructions réalisées à l'aide de ces mêmes objets, figures géométriques construites avec des bûchettes. Ces exercices récréatifs ont un résultat très-sérieux; ils développent le coup d'œil, le sens de la symétrie, l'adresse manuelle : cette année, les enfants pourront réaliser des figures plus compliquées. Nous en donnons ici quelques modèles, invitant les instituteurs à chercher eux-mêmes de nouvelles combinaisons.

DISPOSITIONS FIGURANT DES DESSINS GÉOMÉTRIQUES A L'AIDE
DE BUCHETTES JUXTAPOSÉES OU DE LAMES ENTRELACÉES.

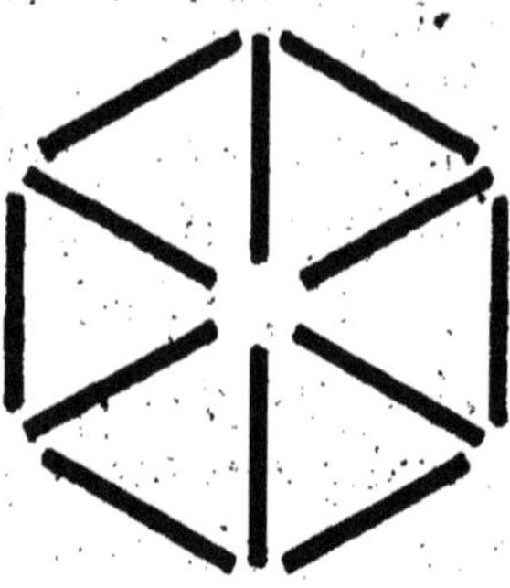

Bûchettes juxtaposées.

Bûchettes juxtaposées.

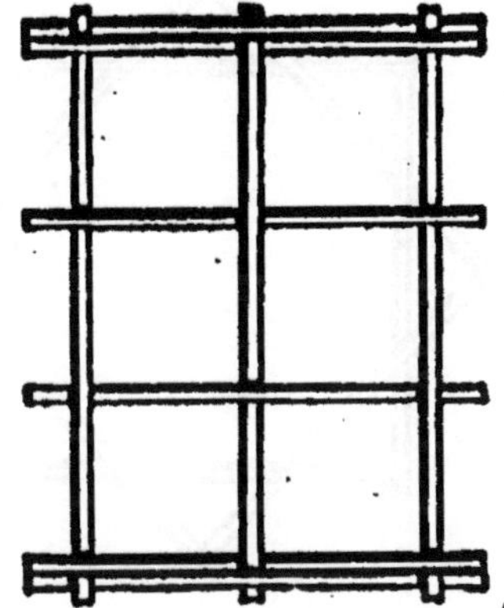

La fenêtre (lames minces entrelacées).

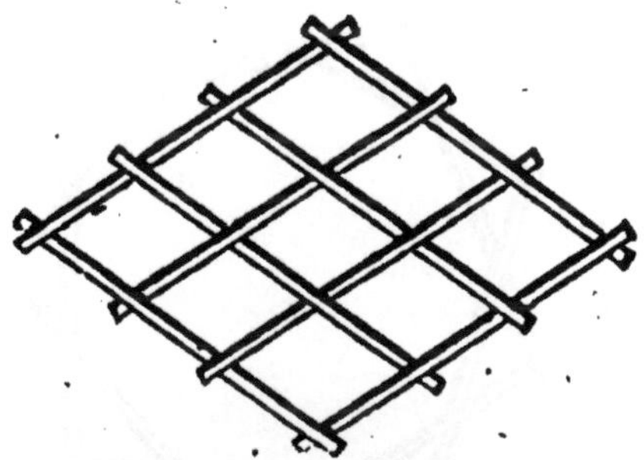

Le gril (lames entrelacées).

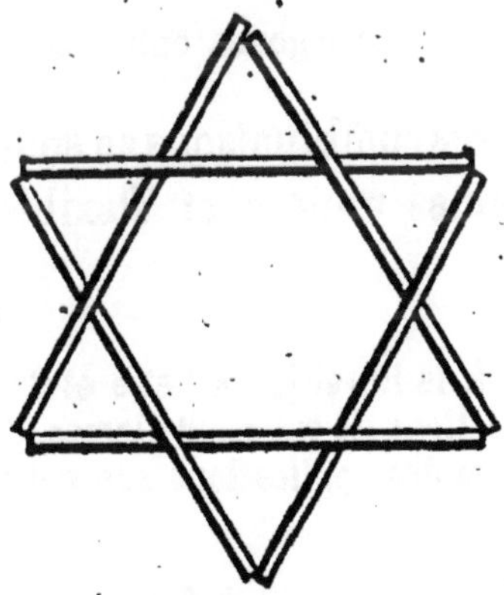

L'étoile à six rayons (lames entrelacées).

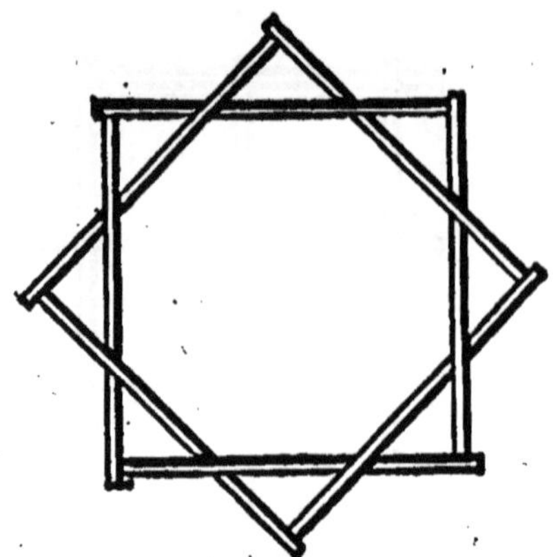

Carrés entrelacés.

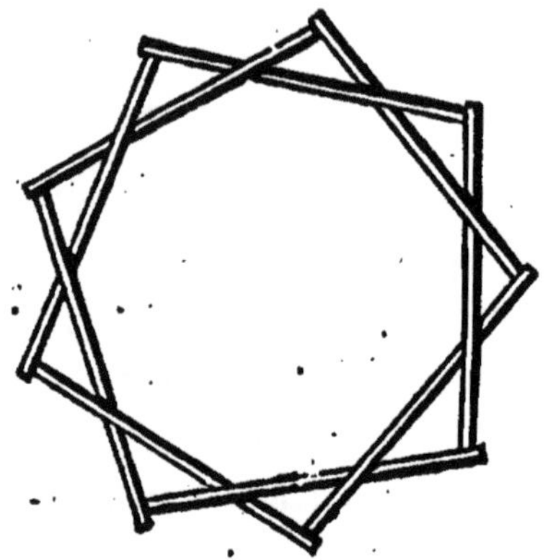

Polygones entrelacés.

Ces dernières combinaisons se soutiennent par l'élasticité des lames minces et flexibles dont elles sont formées [1].

1. On trouve à la librairie Hachette et Cie de petites boîtes contenant une collections de cubes, de lames, de baguettes, etc., etc., composées en vue des applications que nous venons d'indiquer.

CHAPITRE VI.

SYSTÈME MÉTRIQUE.

Nous précisons et développons cette année les idées nécessairement bien sommaires que nous avons données l'année dernière. Les multiples et les sous-multiples du mètre *linéaire* avec le détail du métrage des longueurs ; les multiples et les sous-multiples du litre, du gramme, et les sous-multiples du franc, avec les applications usuelles, tel est notre programme actuel. Comme il eût été impossible d'enseigner dans nos petites notions de géométrie les éléments de la mesure des surfaces et des volumes, nous sommes conduits à renvoyer à l'année prochaine le mètre carré et le mètre cube, etc., qui d'ailleurs offrent des difficultés très-sérieuses. Pour les mêmes raisons, nous ajournons encore les rapports des diverses unités métriques entre elles.

I. Le mètre.

L'année dernière l'instituteur a dû indiquer comment on se sert du mètre pour mesurer les longueurs.

Les enfants dans certains de leurs jeux mesurent grossièrement les distances à l'aide de petites baguettes, et il n'est 'pas difficile de rappeler ceci en leur présentant le mètre et mesurant devant eux une longueur. Mais la notion ne peut prendre une précision scientifique que par l'idée préparatoire de l'*égalité* dé deux lignes et leur comparaison. Le procédé géométrique de la superposition nous conduit tout droit au métrage.

Rappelez donc ce que nous avons dit aux §§ 9 et 10 de nos *Petites notions de Géométrie*, et répétez, s'il le faut, les démonstrations qui y sont indiquées, afin que l'enfant les ait bien présentes à la mémoire lorsque vous lui ferez constater l'égalité ou l'inégalité de la longueur du mètre avec celle de la ligne que vous lui comparez.

Ayez d'avance préparé trois baguettes dont l'une soit juste d'un mètre, la seconde plus longue, et la troisième plus petite. Exécutez la superposition en faisant exactement coïncider l'une des extrémités des baguettes avec l'extrémité du mètre. Faites remarquer soigneusement cette coïncidence, non-seulement cette fois, mais dans tous les exercices de métrage.

II. Le décimètre.

Tracez une ligne droite d'un mètre, et marquez sur cette ligne, par de petits points, les endroits correspondant aux divisions du mètre, afin de pouvoir exécuter sans tâtonnements la division en parties égales.

Montrez un mètre se pliant par décimètres, et le

trait qui marque les décimètres sur un mètre d'une seule pièce en bois ou en ruban. Il existe des mètres en bois au prix insignifiant de 5 à 10 centimes ; vous n'aurez donc pas de scrupule à en confier un de cette sorte aux enfants, pour qu'ils répétent à leur fantaisie les exercices de mesurage que vous allez leur enseigner.

Préparez quelques baguettes d'une longueur égale à un nombre *exact* de décimètres ; il sera nécessaire que l'une d'elles ait au moins 1 décimètre.

III. Le centimètre.

Présentez des objets d'une longueur moindre que le décimètre, et faites comprendre que ces objets étant plus petits, le décimètre ne peut leur servir exactement de mesure ; qu'il faut alors recourir à des divisions plus petites.

Exercez de diverses manières les enfants à reconnaître combien il y a de *centimètres* dans un nombre donné de décimètres, et réciproquement combien il faut de décimètres pour valoir un nombre donné de centimètres. Il est très-important que des exercices multipliés habituent l'enfant à faire ces calculs élémentaires avec rapidité et sans hésitation. Les équivalences des divisions du mètre sont la chose importante pour cette année ; ne regrettons pas d'y dépenser une large part du temps consacré au système métrique ; le reste ira de soi.

Faites distinguer, sur le mètre gradué, les traits qui

marquent les centimètres de ceux qui marquent les décimètres.

Préparez d'avance quelques petits objets ayant dans leur longueur un *nombre exact* de centimètres.

IV. Comment on mesure les longueurs.

Faites mesurer des objets divers, toujours de forme linéaire (règles, porte-plumes, baguettes, etc.), entre 1 déc. et 1 m.; faites exprimer successivement ces longueurs en décimètres et en centimètres, puis en les réduisant en centimètres seulement. Nous faisons remarquer à l'instituteur que presque partout l'habitude d'évaluer en centimètres tend à prévaloir, même quand il s'agit d'un nombre exact de dixièmes. Ainsi on dit plus volontiers dans le langage ordinaire 30, 40, 50 centimètres que 3, 4, 5 décimètres. La même remarque s'applique à bien d'autres multiples et sous-multiples délaissés par l'usage.

Après avoir fait mesurer tout d'abord la longueur d'objets ayant cette dimension prédominante, et par conséquent offrant à peu près l'aspect linéaire, faites mesurer des lignes tracées sur le tableau, puis des lignes appartenant au contour des objets familiers à l'enfant : telles que la longueur et la largeur d'un tableau, d'une table, d'un pupitre, en nous renfermant dans la limite d'*un mètre* jusqu'à nouvel ordre.

Nous avons encore ici à justifier l'emploi d'une expression qui n'est pas d'ordinaire en usage. Nous disons que le mètre *sert à mesurer les longueurs des lignes* et non pas *sert à mesurer les longueurs.* Voici pourquoi : toute longueur que l'on peut mesurer *directement* à l'aide du mètre est *une ligné* (droite ou même courbe), une ligne tracée réellement, ou purement *idéale*. C'est toujours une *ligne*, puisque nous ne considérons que la longueur, et que toute longueur caractérise une ligne. Mais si nous disions aux enfants : le mètre sert à *mesurer les longueurs*, cette manière de s'exprimer le troublerait. Pourtant, nous dirait-il, on peut bien mesurer aussi des *largeurs* et des *épaisseurs* : la largeur de la table, l'épaisseur de la boîte.... etc. Sans doute ces mêmes dimensions, qui sont des *largeurs* et des *épaisseurs* par rapport à l'objet, doivent être considérées comme des lignes (réelles ou même idéales), et dès qu'il s'agit de les mesurer, ce sont les *longueurs* des lignes ainsi considérées d'une manière abstraite que l'on compare. Mais cette distinction déjà subtile pour bien des adultes, on ne peut songer à la présenter aux enfants. Voilà pourquoi nous avons remplacé cette expression *mesure des longueurs* par celle de *mesure des lignes*, qui est exacte et n'offre pas d'équivoque.

Exécutez quelques mesures de longueur comprenant plusieurs mètres. Faites bien remarquer comment on mesure ce qui reste en plus du nombre exact des mètres.

V. Les multiples.

Les mots grecs qui expriment les multiples doivent être appris à part, puis on apprendra à l'enfant à les faire entrer dans la composition des mots : *déca-litre*, *hecto-gramme, kilo-mètre,* etc. Nous n'avons pas procédé de la même manière pour les sous-multiples, parce que les particules *déci, centi* (et plus tard *milli*) ont un tel rapport dans la prononciation avec nos mots dixièmes, centièmes, millièmes, qui ont du reste la même étymologie, que l'enfant comprendra très-bien, par exemple *centi-mètre,* comme une simple abréviation de *centième de mètre.*

Les mots grecs, au contraire, n'ont qu'un rapport étymologique éloigné, et il faut en enseigner directement la signification. Insistez sur ces formules :

Un déca = une *dizaine,*

Un hecto = une *centaine,* etc.,

qui ont l'avantage de rappeler les ordres de la numération, et dont nous tirerons bientôt un grand parti.

VI. Les multiples du mètre.

Apprenez aux enfants la composition de ces particules avec le mot mètre, en faisant ensuite évaluer en mètres les décamètres, les hectomètres, les kilomètres et les myriamètres. Nous éviterons encore cette année de compliquer cette notion par la comparaison des divers multiples entre eux (kilomètres exprimés en décamètres, en hectomètres, etc.).

Nous rappelons l'idée de *longueur mesurée* au commencement de l'article, parce que nous avons vu des enfants tomber dans un quiproquo bizarre, et comprendre que dix longueurs d'un mètre, *non contiguës,* mais prises où l'on voudra, font un décamètre, et d'autres croire qu'un *décamètre* signifiant dix mètres exprime *une collection de dix mètres* en bois ou en cuivre, etc. Songeons que les idées les plus imprévues peuvent se former dans ces petites intelligences encore peu exercées, et soyons en garde contre les équivoques.

Ne pressez pas l'étude de ce paragraphe, et laissez à vos petits élèves le temps de se familariser avec les mots nouveaux qu'ils renforment.

Faire écrire ou analyser un nombre contenant des multiples du mètre est la chose la plus facile, puisque nous avons assimilé les multiples aux ordres décimaux. Ainsi, étant donné 4 kilomètres, 3 hectomètres, 2 décamètres, 5 mètres, vous rappelez d'abord que c'est l'équivalent de 4 mille, 3 centaines, 2 dizaines, 5 unités de mètres, et rien n'est plus simple que d'écrire le nombre évalué en mètres : 4325. Dans toutes ces transformations nous préférons le nom des ordres aux nombres directement donnés comme équivalents. Ainsi, il est plus difficile de faire raisonner ainsi : « Chaque *décamètre* vaut 10 mètres, « donc 6 décamètres valent 6 fois 10 mètres » que : « Chaque *décamètre* étant une dizaine, j'écris 6 dizai- « nes et, ajoutant un zéro pour tenir la place des « unités, j'ai écrit 60 mètres. »

VII. Le litre.

Le problème du *mesurage*, considéré en général, peut toujours être envisagé de deux manières. Dans la première, on se demande, étant donné, par exemple, une certaine longueur, combien cette longueur représente d'*unités de longueur*, de mètres. Dans le second cas, étant donnée une unité (le mètre encore, par exemple), on demande de déterminer une quantité qui contienne un certain nombre de fois cette unité.

Avec les unités de mesure des liquides et des poids, cette différence est plus facile à saisir, et les deux cas se réalisent si souvent dans la pratique qu'il faut bien donner aux enfants une idée de la manière de procéder pour chacun d'eux. Ainsi nous voulons mesurer le contenu d'un vase, premier cas; ou nous demandons qu'on nous fournisse une quantité déterminée de liquide, second cas. Donnez aux enfants des exemples de ces deux cas, avec des nombres très-simples. Faites-les exécuter des mesures de ce genre, en employant du sable, afin d'éviter l'inconvénient des liquides.

VIII. Les divisions du litre.

Montrez un décilitre. Avec cette mesure dix fois remplie, emplissez le litre.

Montrez le centilitre.

Exécutez quelques mesurages pour faire comprendre aux enfants comment on mesure en décilitres l'excédant des litres, et en centilitres l'excédant des décilitres.

IX. Les multiples du litre.

Si vous n'avez pas l'une au moins de ces mesures à pouvoir montrer aux enfants, il vous sera possible de prendre n'importe quelle boîte de contenance égale ou un peu supérieure à 10 litres. Vous y verserez devant les enfants dix fois le contenu du litre (sable, grains, etc.) et vous ferez une marque au point où le contenu affleure, expliquant aux petits élèves que chaque fois qu'on remplira le vase jusqu'à cette marque, on aura la contenance de 10 litres.

Exécutez quelques mesures avec votre décalitre légal improvisé. En faisant considérer les décalitres comme exprimant des *dizaines*, les hectolitres des *centaines*, vous ferez désigner :

1° Combien il y a de litres dans 2 hectolitres, 3 décalitres, etc., en faisant *écrire* le nombre : 2 centaines, 3 dizaines, 230, etc.;

2° Et inversement : combien y a-t-il d'hectolitres et de décalitres dans 740 litres, etc.? : « 7 centaines, 4 dizaines, ou 7 hectolitres, 4 décalitres. »

Expliquez aux enfants comment il faut s'y prendre pour réaliser pratiquement ces diverses mesures, et faites raisonner. (Voy. l'exercice du § 11.)

X. Le gramme.

Rappelez la manière de peser.

Montrez aux enfants des exemples du double problème pratique de la pesée.

Premier cas : J'ai un objet, ou une certaine quantité de matière quelconque, j'en veux savoir le poids. — L'objet étant dans la balance, je fais varier les poids jusqu'à rétablissement d'équilibre entre les deux plateaux.

Second cas : Je veux déterminer une quantité de

matière égale à un poids donné, — problème pratique très-habituel dans le commerce. — Disposition inverse : je mets dans un plateau les poids en nombre déterminé, et je fais varier la quantité de matière jusqu'à ce que l'équilibre soit établi entre la matière et les poids.

Profitons de cette occasion pour faire observer aux enfants que tous les corps ont plus ou moins de poids, qu'ils sont lourds ou légers, mais qu'ils sont néanmoins tous *pesants.*

Nous ne parlons pas des sous-multiples du gramme, parce qu'il faudrait, pour les faire comparer au *gramme,* une balance très-sensible, et parce que ces petits poids ne sont en usage que dans des circonstances assez rares.

XI. Les multiples du gramme.

En faisant toujours considérer les mots : déca, hecto, kilo, etc., comme correspondant aux ordres d'unités, l'écriture ou l'analyse d'un nombre exprimé en multiples de grammes n'offre aucune difficulté sérieuse aux maîtres. Si nous recommandons de fournir de nombreux exemples, c'est que nous trouvons là une nouvelle occasion de familiariser les enfants avec la numération elle-même, présentée sous forme concrète.

Exécutez quelques pesées.

XII. Le franc, le décime et le centime.

L'enfant a plutôt besoin de connaître la valeur des centimes, des décimes et du franc, que celle des pièces d'or. Nous n'ajoutons rien ici à ce que nous avons dit la première année ; l'instituteur pourra développer un peu. Nous faisons seulement remarquer les mots *décime* et *centime*, comme correspondant aux autres sous-multiples du système métrique.

CHAPITRE VII.

GÉOGRAPHIE.

I. La plaine et le désert.

Commençons par rappeler rapidement la description de la plaine cultivée, afin de mieux faire comprendre, par le contraste, l'aridité du désert. — On est généralement porté à croire que les déserts sont toujours des plaines *sablonneuses*, tandis que souvent le sol d'un désert est plutôt rocailleux que sablonneux. Le *Sahara*, par exemple, est bien, dans une partie de son étendue, une plaine de sable, mais le reste présente un roc aride, légèrement ondulé. Certains déserts sont plutôt des *plateaux* que des plaines. La stérilité de ces contrées est presque toujours due à l'absence d'eau ; partout où une petite source parvient à surgir, une *oasis* s'élève.

II. La chaîne de collines.

Un excellent moyen de faire comprendre aux enfants la disposition par *chaînes* des collines et des montagnes consiste à lui en faire une représentation avec du sable amoncelé. Nous lui dirons plus tard la cause de cette disposition.

Les enfants (et même certaines grandes personnes) se figurent les collines et les montagnes, comme se terminant en une pointe très-élancée, dont la représentation sur le papier serait un angle aigu (fig. 1). Dites

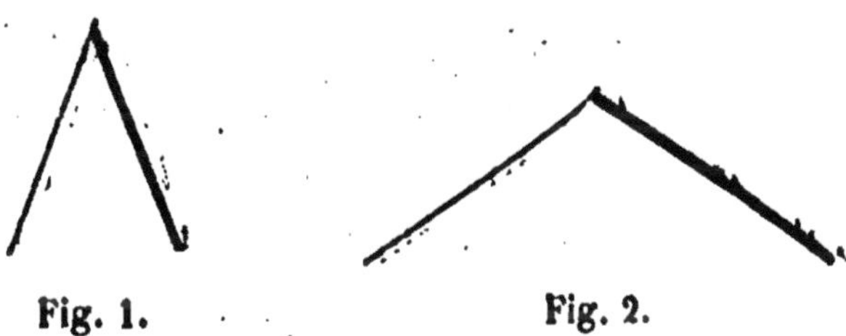

Fig. 1.   Fig. 2.

donc bien aux enfants que les collines et les montagnes affectent d'ordinaire, *dans leur forme générale*, les proportions d'un angle très-obtus (fig. 2); ce qui ne les empêche pas de présenter, en certaines parties, des pentes escarpées, des dents aiguës, des pans de rochers dressés à pic, etc.

III. Les versants.

Nous nous sommes efforcés de faire comprendre à nos élèves le partage des eaux, suivant la *ligne de faîte* des chaînes de collines ou de montagnes. L'année prochaine nous leur montrerons le petit *bassin* du ruisseau, formé par l'étroite vallée et limité par le faîte d'une chaîne de petites éminences, afin de lui rendre sensible la division en *bassins* des étendues continentales. Rappelons ici à nos lecteurs que la ligne de partage des eaux qui sépare deux bassins n'est pas toujours le faîte d'une chaîne; en certains pays de plaines la plus légère ondulation, un renflement imperceptible de terrain, suffit pour déterminer les eaux à s'écouler d'un côté ou de l'autre, comme on peut le voir partout après une pluie.

Nous invitons fortement les instituteurs à faire remarquer aux enfants ce *partage des eaux* se faisant de lui-même, suivant la pente du terrain, sur un point quelconque de la route ou de la cour. Le mot *versant* ne vient pas directement du *déversement de l'eau*, il signifie inclinaison, penchant, courbure.

IV. La chaîne de montagnes.

Lorsque les enfants auront bien compris la disposition des chaînes de montagnes, complétez-en la description par quelques détails : les neiges persistantes, etc.

V. Le torrent.

Achevez le tableau par quelques détails pittoresques de la fusion des neiges, des torrents, des ravins qui leur servent de lit, opposés au cours plus tranquille de la rivière où se réunissent leurs eaux, dans la vallée peu déclive et largement ouverte. Faites en sorte que l'enfant se fasse une idée juste d'une grande vallée formée par les montagnes, par comparaison avec les petites vallées formées par les collines.

VI et VII. Le cours du ruisseau.

Nous allons maintenant étudier sur le ruisseau les conditions communes à tous les cours d'eau, proportion gardée. Nous ne saurions trop engager les instituteurs à faire la démonstration sur le terrain, en faisant observer le cours d'un ruisseau, la vitesse de son courant, son lit, ses rives droite et gauche, les petits affluents, etc.

Pour que l'enfant comprenne la distinction de la rive droite et de la rive gauche, plaçons-le sur une passerelle, sur une simple pierre posée au milieu du courant, ou à cheval lui-même sur le lit d'un ruisseau, afin que les rives ne soient pas toutes deux à sa droite, ou toutes deux à sa gauche. Placé comme nous venons de le dire l'enfant comprendra beaucoup mieux la distinction.

VIII. La rivière et le fleuve.

L'intelligence de l'enfant transportera maintenant avec la plus grande facilité aux grands cours d'eau ce qu'il a observé sur le raisseau. Pour que nos petits élèves se fassent une idée suffisamment exacte des rivières et des fleuves, des affluents, des confluents, des crues, il ne s'agit plus que d'achever, sous forme de récit, la description pittoresque de la rivière coulant entre les arbres, du fleuve portant de grands bateaux, etc.

Faites retenir les trois origines des eaux courantes : sources, pluies, fonte des neiges.

IX. L'étang et le lac.

Faites observer les contours de la rive d'un étang, ou, à son défaut, d'une petite mare. Pour faire comprendre l'anse, la pointe, l'île, la presqu'île, l'isthme, montrez-les en miniature. Les plus petits accidents du contour d'une mare suffisent à donner une notion juste, que l'imagination de l'enfant agrandira sans peine jusqu'aux proportions de la rive du lac, et plus tard au rivage de l'océan. Faites observer le ruisseau alimentant l'étang ou la mare, le *déversoir* par où s'écoule le trop-plein des eaux. Étendez cette idée au mode de formation et d'alimentation du lac. Ainsi l'enfant sera conduit à se rendre compte des causes de la circulation des eaux. A côté du *fait* il y a toujours la *raison d'être* qu'il faut faire connaître. Un enseignement qui se bornerait à faire observer les faits, sans montrer les liens qui les rattachent à leurs causes, serait un enseignement empirique, incapable de développer le jugement, la raison, le sens pratique.

X. Le marais.

Veillez à ce que l'enfant comprenne aussi la cause de la *stagnation* des eaux dans les marais : le défaut de pente suffisante et de canaux d'écoulement. Complétez la description des marais. Dites à propos de l'insalubrité des eaux impures et stagnantes quelques mots sur l'importance de faire promptement écouler les eaux qui se sont corrompues par quelque cause que ce soit.

XI. L'océan et ses rivages.

Faites comprendre par la comparaison établie avec les sinuosités du bord de l'étang, la signification des mots *pointe, cap, anse, baie, golfe,* etc.; dans leur acception géographique.

LA TERRE HABITÉE.

I et II. Le hameau et le village.

Avant de faire connaître à l'enfant quelques principales villes dont il ne doit plus ignorer les noms, et afin de le préparer à comprendre les divisions du territoire, etc. (géographie politique), faisons-lui connaître, par une gradation ménagée, les diverses agglomérations des habitations humaines (chez les peuples civilisés), et la raison qui a conduit les hommes à se rapprocher pour constituer des centres où peut se développer la vie sociale. Insistez sur les besoins et les instincts qui portent les hommes à vivre en société : ce sera une première leçon de morale pratique. Les maîtres qui s'adressent aux enfants des villes devront donner plus de détails sur l'aspect du hameau, du village, sur le mode d'existence des habitants de la campagne, et en faire un tableau intéressant et animé.

III. La ville.

Si l'instituteur des villes doit décrire avec plus de détails tout ce qui se rattache à la vie des champs, l'instituteur d'une commune rurale doit, au contraire, insister sur la description de la ville. Mais hâtons-nous de le dire, qu'il évite dans ses descriptions de faire aux enfants un tableau attrayant du luxe public et privé des grandes villes, de ces dehors brillants trop compensés par de tristes conséquences. *La curiosité du luxe* est une des causes des émigrations incessantes qui dépeuplent nos campagnes, et entraînent leurs plus actifs travailleurs dans une existence hasardeuse et souvent misérable. Faites donc envisager à vos élèves les grandes villes comme des centres de travail, d'activité commerciale, industrielle, intellectuelle, plutôt qu'au point de vue du luxe et des plaisirs qui s'y rencontrent.

IV. La contrée et la nation.

La *contrée* proprement dite est une étendue délimitée par la nature; mais on la considère aussi comme une délimitation politique de territoire : c'est l'étendue d'un pays occupé par une nation.

Suivant la gradation naturelle, partant du plus simple pour aller au plus complexe, nous en sommes venus à considérer la contrée comme une certaine étendue de territoire parsemée de villes et de villages, et la nation comme un groupe collectif, résumant dans son unité un grand nombre de groupes partiels de population.

V. Les voies de communication.

Faites bien comprendre aux enfants que le besoin de relations entre des localités plus ou moins distantes a nécessité la création des routes, des voies de communication qui relient ensemble les centres de population. Comparez ces voies aux rues qui permettent de communiquer d'un point à un autre, dans l'intérieur d'une ville.

VI. Montagnes et fleuves de France.

Après avoir donné les notions générales, nous pouvons faire connaître les noms des principaux traits géographiques de notre pays, et ceux des principales villes. Rappelez aux élèves les noms des divers endroits de la localité que vous habitez : ces noms, qui leur sont déjà familiers, serviront à leur faire comprendre la nécessité des dénominations particulières, des *noms propres* qui permettent de désigner les choses individuellement.

Faites retenir le nom des principales chaînes de montagnes de France, en attendant l'aide de la carte.

Faites apprendre aussi les noms des quatre grands fleuves qui ont leur cours en France (en tout ou en partie). N'oubliez pas de rappeler que la rive gauche du Rhin a appartenu à la France.

VII. Climat et culture.

Complétez le tableau du climat de la France et de son aspect général. Entrez dans quelques détails sur : 1° Les produits du sol de la France ; 2° les animaux domestiques ou sauvages qui y vivent ; 3° les industries principales qui s'y exercent.

VIII. Les grandes villes de France.

Nous avons joint à chaque nom de ville une circonstance qui en rappelle le nom daus la mémoire des enfants.

IX. Les cinq parties du monde.

Il est temps que les élèves aient la première notion du climat, de la position, de l'aspect général des cinq grandes divisions de la surface du globe, dont nous leur avons enseigné les noms l'année dernière.

Comme nous n'avons encore pour fixer les idées, ni la sphère, ni la carte, nous caractérisons chaque contrée par quelque trait de son climat ou quelqu'une de ses productions. Que l'instituteur accompagne les descriptions plus détaillées qu'il devra faire oralement de l'exhibition de quelques objets provenant des pays étrangers dont ils parlent : un vase de Chine, une feuille de palmier, etc. Qu'il se procure, en outre, quelques dessins des plantes ou des animaux propres à chaque continent. Ce que nous avons résumé en un seul paragraphe devra, étant détaillé, fournir la matière de plusieurs leçons attrayantes et fructueuses.

X. La carte de géographie.

Nous ne voulons pour le moment que faire à la géographie une première application du *plan géométrique*. (Géométrie, deuxième année : le dessin et le plan). Tracez, aux yeux des enfants, la carte géographique de leur village ou de leur quartier. Pour cela, posez d'abord le tableau noir horizontalement, à plat sur le sol ou sur des appuis peu élevés. Marquez ensuite, en consultant les souvenirs de vos élèves, la position relative de quelques-uns des lieux connus : l'église, la maison d'école, la mairie, la demeure de quelques-uns des élèves. Pour désigner les édifices, vous ferez en quatre traits une sorte de dessin qui en imitera sommairement la forme, ou en rappellera la destination par quelque figure symbolique ; puis vous achèverez cette carte improvisée par le trait sinueux qui représente le cours d'eau voisin, etc. Le soin que vous prendrez, la peine que vous vous donnerez pour établir cette démonstration, ne seront pas perdus : ils seront compensés au centuple par la facilité avec laquelle les enfants, ainsi préparés, se serviront de la carte, et sauront en tirer parti dans un temps prochain.

LA FORME DE LA TERRE.

I. Le globe.

L'explication de la forme de la terre, et des conséquences qui en résultent, est la plus sérieuse difficulté de l'enseignement géographique élémentaire. Pourtant l'enfant ne peut plus désormais ignorer ce fait capital; peut-être même, si nous laissions cette terre, dont nous lui décrivons les aspects divers, se peindre dans son imagination sous la forme d'une surface plane, aurions-nous plus de peine dans la suite à redresser cette idée fausse. Nos lecteurs verront comment nous avons cru devoir aborder la difficulté, et donneront des développements dans le même sens.

La seule preuve de la forme sphérique de la terre que l'enfant soit en âge de comprendre, c'est celle qu'on appelle *preuve par les voyages de circumnavigation.*

Afin que les élèves s'en rendent bien compte, ne manquez pas de leur présenter une sphère, la plus grosse possible, et de leur tracer le chemin que suivrait un insecte voyageant sur cette boule, et revenant toujours à son point de départ, quelque direction qu'il ait prise, pourvu qu'il l'ait conservée pendant tout le voyage.

II. La position des eaux sur le globe.

Avant d'aborder l'explication de ce paragraphe, faites d'abord observer à l'enfant qu'une étendue de terrain reste à sec, lorsqu'elle est élevée au-dessus du niveau de l'eau qui l'entoure. Au fond d'une assiette large et peu profonde, formez avec un peu d'argile deux ou trois petites montagnes, puis un *plateau* élevé de quelques centimètres. En versant une couche d'eau au fond de l'assiette, vos montagnes seront devenues des îles, et le plateau figurera une étendue continentale....

Cela fait, dites aux enfants que, si une boule ayant une surface unie était entourée d'une épaisseur d'eau, elle en serait enveloppée de tous côtés également : aucune partie ne serait à sec, tandis que, si cette boule a des parties plus saillantes que les autres, ces parties dépassent la couche d'eau et se montrent à sec, comme dans la petite expérience précédente.

Montrez les continents sur le globe terrestre, et dites qu'ils sont formés de la même manière. Il serait à souhaiter que, pour ces premières explications, l'instituteur eût un globe très-simple, ne portant qu'un petit nombre d'indications pour éviter la confusion, et présentant des *reliefs*[1]. L'année prochaine, nous devrons faire un constant usage de la carte avec nos élèves; nous dirons toutes nos préférences pour les *cartes en relief*. Bornons-nous en ce moment à indiquer à l'instituteur industrieux, qui ne posséderait pas de sphère en relief, les moyens d'y suppléer *pour la démonstration*. Prenez un globe ordinaire (ou toute autre boule) et le peignez en bleu dans son entier. Puis,

1. Des sphères en relief, de petites dimensions, se trouvent maintenant dans le commerce à des prix très-modérés.

ayant formé avec du papier un peu épais des découpures représentant la figure des continents, collez ces découpures sur la sphère. Il faudra probablement tremper le papier dans l'eau, et le laisser s'imbiber, afin qu'il se tende suivant la courbure du globe. Vous achèverez cette ébauche en dessinant à la main les montagnes, les fleuves, etc.; vous aurez ainsi réalisé une imitation suffisante, à la rigueur, d'un globe en relief.

III. Position et forme des continents.

Faites comprendre aux élèves qu'à l'aide de la sphère terrestre on peut se faire une idée de la position, de la distance, de l'étendue et de la forme des continents, de même qu'on se fait l'idée de la forme d'un objet en étudiant un dessin qui le représente.

Faites en sorte que l'enfant à qui vous aurez montré sur la sphère les continents et les mers tire lui-même des déductions; suggérez-lui celles qu'il n'aperçoit pas, aidez-le à formuler celles qu'il semble pressentir. Ainsi l'enfant pourra conclure du coup d'œil jeté sur la carte qu'une moitié de la sphère (l'hémisphère Nord) comprend une plus vaste étendue continentale, et que l'autre est presque totalement recouverte par la mer. Il pourra énoncer quelque réflexion sur la forme et l'étendue d'une portion du continent, etc.; développez et confirmez les conclusions qu'il en tire, si elles sont justes; redressez-les, si elles sont erronées. C'est ainsi que l'enfant apprendra graduellement à faire usage de la sphère et de la carte. Remarquons en passant que la plupart des élèves (même ceux qui sont avancés) ne se servent de la carte que comme d'un dessin mnémonique, gravant dans la mémoire les noms géographiques par une certaine disposition sensible à l'œil; de sorte que losqu'ils regardent la carte, ils ne voient que la carte et non le pays. Tandis que celui qui sait se servir d'une carte y voit autre chose que les traits figurés sur le papier; il voit dans son imagination la contrée elle-même, comme nous voyons *un site* lorsque nos yeux le regardent dans *un tableau.*

La forme de la terre soulève naturellement la question des *antipodes;* nouvelle difficulté. Ici encore tout dépend de la manière de démontrer.

Quand nous regardons une sphère terrestre, nous avons l'habitude de la placer de telle manière que le pôle Nord est en haut, par rapport à nous, et l'hémisphère austral tourné vers le sol. On pourrait la placer autrement, mais quelque position que nous donnions à une sphère, une partie de sa surface sera toujours en dessous.

Cette idée d'un *haut* et d'un *bas,* d'un *dessus* et d'un *dessous,* vient du rapport que nous établissons entre nous et la sphère regardée. Si nous n'existions pas nous-mêmes sur cette boule, et ne comparions pas sa position à nous-mêmes; si elle était isolée et sans termes de comparaison, il serait impossible de lui trouver un dessus et un dessous, un haut et un bas, puisque tous ses points sont également au milieu de l'espace.

Pour nous qui avons les pieds sur la terre, et qui

y sommes retenus par l'action de la pesanteur, nous appelons *bas* ce qui est plus près du *centre* de la terre, *haut* ce qui en est plus éloigné.

Quelque part que nous soyons sur le globe, notre condition de stabilité est identique. Quitter la terre serait toujours pour nous *monter, aller en haut:*

Voilà ce que nous devons faire comprendre aux enfants, et cela demande tous nos soins. Pour arriver à donner une notion juste, nous considérons une fourmi placée sur notre *sphère terrestre*, voyageant en tous les sens, et ayant toujours les pieds tournés vers le centre. La *position* de cette fourmi est semblable à celle de l'homme sur la terre, mais la condition de stabilité (question que nous avons évité de soulever à cet endroit) est toute différente. En effet, la pesanteur n'attire pas l'insecte vers le centre de *sa* boule qui n'est pas la terre, elle l'attire en dehors, vers la terre véritable. S'il tombait, il tomberait vers la terre; et s'il se tient à *sa* boule même lorsqu'il est en dessous, c'est qu'il est pourvu de pattes munies de crochets qui lui permettent de se tenir fixé aux objets. Malgré cette différence, et en ayant soin de n'établir la comparaison *que sur la position*, ce procédé familier de démonstration réussit fort bien, et les enfants se font une idée, aussi nette qu'il est possible à leur âge, des *antipodes* terrestres.

IV. La terre isolée.

L'isolement de la terre dans l'espace complète la notion de sa forme; ici encore nous avons dû faire usage d'une comparaison. La condition de la terre isolée dans le vide des cieux où elle circule est assez exactement figurée, pour une imagination d'enfant, par celle d'une bulle de savon flottant dans l'air, sans contact avec aucun support solide. Le côté faible de la comparaison, c'est que la bulle de savon est portée par l'air où elle flotte, tandis que la terre emporte avec elle sa couche d'air, et n'est aucunement supportée par elle. Elle doit son équilibre à des lois physiques très-différentes. Mais l'enfant ne saurait encore se faire une idée nette de ces lois, de l'espace infini, de la gravitation des corps célestes. L'essentiel, pour le moment, c'est qu'il voie la terre isolée, dépourvue de tout support visible, mais soutenue dans l'espace par des moyens qu'on lui apprendra plus tard.

Faites retenir, en substance, le résumé qui termine le paragraphe.

CHAPITRE VIII.

NOTIONS USUELLES SUR QUELQUES PHÉNOMÈNES NATURELS.

LA MATIÈRE ET SES PROPRIÉTÉS.

Nous n'avons pas l'intention, comme on le pensera bien, de donner à nos petits élèves la définition abstraite de la matière. Les définitions familières elles-mêmes : « la matière est ce qui tombe sous nos sens; la matière est ce qui occupe un certain espace, » etc., lui sont encore assez difficiles à comprendre.

Mais à un autre point de vue, et dans un but pratique, il est temps de faire comprendre aux enfants ce que l'on désigne par *matière* des objets, *matériaux* du travail. Nous ne pouvons plus faire un pas sans préciser certaines notions que l'enfant a déjà acquises par l'expérience, sans lui faire observer que les objets sont formés de quelque chose, que ce quelque chose s'appelle *matière*, que cette matière a telles et telles propriétés remarquables. Enfin nous devons préparer nos petits élèves à comprendre quel est le pouvoir de l'homme sur la matière, et quel est le but du travail industriel.

Il faut qu'il sache que nous ne pouvons rien *créer*, que le travail de l'industrie humaine est borné à la *transformation des choses.* Cette transformation est quelquefois si profonde, il est vrai, que nos yeux ne peuvent plus reconnaître les matériaux dans l'œuvre achevée. Ainsi, dans un mur nous voyons bien la pierre et la chaux dont il est composé; mais dans un objet de cristal, où est le sable? où sont les autres matériaux qui ont servi à le fabriquer? Impossible à l'œil de les reconnaître. Les matières diverses ont été combinées si intimement que, de leur réunion, il est résulté une subtance douée de propriétés toutes nouvelles.

Et pourtant nous savons que ce n'est là qu'une *transformation.* La matière première n'a ni augmenté ni diminué. Rien ne s'est créé; rien ne s'est détruit non plus, car il nous est aussi impossible de faire de *quelque chose rien*, qu'il nous est impossible de faire *quelque chose* avec *rien.*

Ces notions de sens commun, il faut que l'enfant les possède; sans cela, il y aurait une lacune dans ses idées, et la rectitude de son jugement serait compromise dans les cas les plus simples.

Avant de faire la part qui convient à l'âge de nos petits élèves, résumons en quelques mots ce que l'expérience nous apprend de la matière et de ses principales propriétés.

On considère la matière comme formée par la réunion de particules (ou molécules) d'une petitesse excessive, inimaginable; mais ce qui peut surprendre au premier abord, c'est que, même dans les matières les plus dures, ces parcelles ne se touchent pas; entre chacune d'elles il existe de petits intervalles appelés *pores*. Les expériences de physique prouvent cette vérité, on l'exprime en disant que toute matière est plus ou moins *poreuse*.

Certaines matières sont tellement poreuses que leurs pores peuvent se remplir de liquide, et même se laisser traverser par le liquide qui alors suinte à l'extérieur. Telles sont la brique, la poterie non vernissée, notre chair, qui transpire, et presque toutes les matières animales et végétales.

Quand les molécules qui composent un corps sont retenues fortement à leur place, et pour ainsi dire liées entre elles, ce corps possède une forme, la garde avec une certaine persistance, et offre à la pression une résistance plus ou moins grande, qu'on peut constater par le toucher. Une telle matière est dite *solide*.

Quand les molécules d'une substance sont plus écartées, ou faiblement liées entre elles, elles glissent facilement les unes sur les autres, sont extrêmement mobiles, et leur masse n'a point de forme qui lui soit propre. Une telle substance est un *liquide*.

Enfin, si les molécules sont encore plus écartées les unes des autres, la substance occupe un espace considérable relativement au nombre de ses molécules, très-clairsemées dans l'espace. Une pareille substance, incapable de prendre par elle-même une forme stable, est d'une mobilité et d'une légèreté excessive;

c'est un *gaz*, une *vapeur :* ainsi l'air que nous respirons, ou le gaz combustible qui éclaire nos rues.

Solide, liquide, gaz, sont donc non pas trois matières diverses, mais trois états, trois manières d'être de la matière. Une même matière peut successivement devenir solide, liquide, gazeuse, suivant les circonstances; comme nous pouvons observer pour l'eau, solide à l'état de glace, liquide dans les conditions ordinaires, gaz ou vapeur, si elle s'chauffe ou *s'évapore.*

Sous chacun de ces trois états, la matière manifeste différentes propriétés, variables suivant la substance que l'on considère. Ainsi à l'état solide correspondent la *ténacité*, la dureté plus ou moins grande, *l'élasticité* plus ou moins appréciable, etc.; à l'état liquide, une *fluidité* plus ou moins grande; à l'état gazeux, une *élasticité* extrêmement remarquable, etc.

Toute matière, quelle qu'elle soit, est *inerte*, c'est-à-dire qu'elle ne se donne pas à elle-même le mouvement, et qu'elle demeure en place tant que rien ne la force à changer de lieu; mais elle est *mobile*, c'est-à-dire que tout objet peut changer de place, si une cause quelconque l'y oblige.

On définit le *mouvement :* le changement de lieu d'un objet ou d'une portion d'objet dans l'espace.

Ce qui cause le mouvement s'appelle une *force*.

Toutes choses égales d'ailleurs, plus un corps a de masse, plus il faut de force pour lui donner un certain mouvement. Plus la force est grande, plus sera grande aussi la rapidité, la vitesse du mouvement produit.

La *pesanteur* est la force qui fait tomber les corps, c'est-à-dire les attire vers la terre.

Tomber est un mouvement. La pesanteur est donc *une cause de mouvement*, c'est-à-dire une force.

Le mouvement d'un corps qui tombe sans que rien n'influence sa direction se fait suivant la *verticale* (indiquée par le fil à plomb).

Tous les objets sont soumis à la pesanteur, ce que l'on exprime en disant que : tous les corps sont *pesants*, même les gaz les plus légers; on dit même dans la science : tous les corps sont également *pesants*, ce qui ne veut pas dire qu'il sont *également lourds*, mais simplement que tous les corps tomberaient avec la même vitesse, si rien ne contrariait leur mouvement.

Il faut donc éviter de dire : cet objet est plus *pesant* que celui-ci; il faut dire : plus *lourd*, a plus de *poids*.

Le poids exprime l'effort qu'il faut faire pour soutenir un corps contre l'action de la pesanteur.

Pour une même matière le poids est d'autant plus grand que le volume est plus considérable; mais les différentes substances ont à égal volume un poids très-différent. Ainsi un litre d'eau pèse 1 kilogramme, un litre d'air 1 gramme environ, un décimètre cube de fer 7 kilog. 788, un décimètre cube d'or 19 kilog. 225.

Enfin la matière possède des propriétés d'un autre ordre dont nous devons dire un mot.

Les molécules sont susceptibles de former des groupements, des combinaisons extrêmement diverses.

Ainsi plusieurs substances peuvent se *combiner* ensemble, et donner lieu, par leur réunion, à une *substance composée* qui jouit de propriétés tout à fait différentes de celles que possédaient, prises à part, les substances qui la composent.

Inversement, une substance composée peut être décomposée en ses *éléments* primitifs; et ceux-ci, dissociés et séparés, reprennent leurs propriétés spécifiques.

Ces transformations profondes s'accomplissent sans cesse dans la nature; elles accompagnent tous les actes de notre vie, et le savant les reproduit à son gré.

La science de la composition et de la décomposition des substances s'appelle la *Chimie*. Les phénomènes qu'elle étudie sont appelés : *actions chimiques*.

I. La matière et les matériaux.

Pour mettre notre enseignement en rapport avec la manière de procéder naturelle à l'intelligence de l'enfant, faisons d'abord remarquer à nos petits élèves que, pour fabriquer un objet quelconque, il faut avoir la matière dont cet objet doit être fait. Prenons des exemples, et ne craignons pas de les multiplier; puis généralisons cette idée, en faisant ressortir que tout objet est formé d'une certaine matière; que tout ce qu'on peut *voir et toucher* est matière, etc. Nous disons *voir et toucher* pour éviter l'équivoque. La définition vulgaire « la matière est ce qui tombe sous nos sens » est loin d'être rigoureuse. Le son, par exemple, tombe sous nos sens, et pourtant le son n'est pas de la matière, c'est une vibration, un mouvement de la matière dans l'air. La définition de la matière : ce qu'on peut voir *et toucher*, peut suffire à l'enfant jusqu'à un âge plus avancé.

II. La matière solide.

Apprenons aux élèves à constater la différence du solide et du liquide. Ils ont déjà la notion de cette différence, le mot seul leur manque. Mais les *mots* ont leur valeur en éducation : ils fixent les idées que l'observation fait naître.

Ce qui doit caractériser le solide, c'est :

1° La persistance de sa forme ;

2° La résistance sous la pression du doigt ;

3° L'effort nécessaire pour en détacher un fragment.

Ces deux dernières propriétés, conséquence de la première, sont faciles à constater.

Entre le solide parfaitement caractérisé, et le liquide parfaitement fluide, il y a tous les degrés de consistance plus ou moins ferme, plus ou moins molle.

Pour écarter toute complication, ne parlons pour le moment que de la matière parfaitement solide.

III. La matière liquide.

Les liquides n'ayant pas de forme propre, vu la mobilité extrême de leurs molécules, se moulent exactement d'après la forme des vases qui les contiennent. L'enfant observera facilement la propriété qu'ont les liquides de se répandre, de *fuir* par les plus petites fissures. Faites constater leur défaut de résistance au toucher, et la facilité avec laquelle on *divise* une masse liquide.

IV. La matière gazeuse.

Nous pourrions ajourner l'explication du mot *gaz*; mais il faut que l'enfant connaisse l'existence de l'*air*, et sache que l'air est aussi une matière.

L'air n'est pas *invisible*, comme on le dit d'ordinaire. Il est parfaitement visible, au contraire, parce qu'il n'est pas absolument *incolore*.

Imaginez de l'eau très-faiblement teinte par une substance colorante : une goutte de cette eau prise isolément paraîtra presque incolore; mais la couleur deviendra très-sensible, si vous considérez une grande masse de cette eau. Il en est de même pour l'air. L'air a une teinte bleue inappréciable dans une petite épaisseur. Mais si on regarde une épaisseur très-grande, comme le ciel dans les beaux jours, la teinte bleue est très-manifeste. La nuance bleuâtre, qui donne tant de poésie aux lointains, est produite par la couleur de l'air interposé entre ce lointain et notre vue. Cette magnifique couleur bleue que nous attribuons au *ciel* appartient à l'air lui-même; ou plutôt, ce que nous appelons alors le *ciel* est la partie supérieure de l'atmosphère terrestre.

L'enfant éprouverait de la difficulté à se rendre

compte de l'influence d'une épaisseur plus ou moins considérable sur la teinte d'un gaz. Pour lui faire reconnaître l'existence de l'air, ayons recours à l'impression que fait l'air agité sur notre toucher. L'air est insaisissable, *impalpable;* pourtant il peut être senti par le toucher : c'est donc une matière.

Rappelez le vent : faites sentir l'impression d'un courant d'air à l'aide d'une feuille de carton que vous agiterez en façon d'éventail. De cette manière les enfants comprendront fort bien que le vent est de l'air agité, et que cet air, qu'il ne sent pas, est, pour ainsi dire, qu'on nous pardonne cette expression, du *vent au repos.*

Faites comprendre à l'enfant que l'air est répandu *partout autour de nous,* et forme l'enveloppe de notre globe sous le nom d'atmosphère. Nous ne parlons pas encore des espaces célestes que nous réservons pour plus tard.

V. La pesanteur.

Puisque nous devons parler aux petits élèves du poids, de la balance, etc., il faut que nous leur disions un mot de la pesanteur.

La pesanteur, dirons-nous, c'est ce qui attire les objets en bas, ce qui les fait tomber. Or tout objet tombe quand il n'est pas soutenu ; donc *tout objet est pesant.* Puis nous ferons remarquer que les objets sont inégalement *lourds,* qu'ils ont un poids très-différent, etc., etc., en évitant les malentendus dont nous avons parlé ci-dessus.

Nous baserons cette notion sur deux faits d'expérience : 1° L'effort nécessaire pour soutenir un objet; 2° La chute de cet objet dès qu'il n'est plus soutenu. Cette seconde preuve a seule de la valeur quand il s'agit d'objets très-légers. Pour une même matière, un objet a d'autant plus de poids qu'il est plus volumineux : cette vérité vulgaire doit être formulée à l'enfant.

VI et VII. Pesanteur des liquides.

Faites soutenir par un enfant un vase vide, puis remplissez-le *graduellement* de liquide; faites bien remarquer que ce n'est pas le vase lui-même qui devient graduellement plus lourd, mais le poids du liquide qui s'ajoute à celui du vase. Faites tomber des gouttes de liquide; versez l'eau du vase pour faire remarquer que couler c'est tomber, et concluez à la pesanteur du liquide. Nous laissons de côté cette année la notion de la pesanteur du gaz, plus difficile à comprendre et à constater.

LA CHALEUR.

Parmi les phénomènes qui frappent les yeux des enfants il en est un très-grand nombre, et des plus importants, qui ont pour cause la chaleur. L'explication sommaire que nous devons donner à nos petits élèves de ces faits qu'ils observent chaque jour, de la pluie, par exemple, de la rosée, etc., nous oblige à leur dire quelques mots des effets généraux de la chaleur. Jetons donc un rapide coup d'œil sur les propriétés et les manifestations diverses de la chaleur, afin de nous bien rendre compte de l'enchaînement des notions élémentaires que nous devons enseigner. Nous l'avons déjà dit ailleurs : l'immense et admirable machine de l'univers se meut sous l'influence d'un petit nombre d'*agents*, de forces actives, dont les combinaisons diverses et harmonieuses donnent naissance aux phénomènes si prodigieusement multipliés dont nous sommes témoins. La *chaleur* (le principe de la chaleur auquel on donne aussi le nom de *calorique*) est un de ces grands agents, de ces puissants ressorts qui mènent le monde. Pour se faire une idée juste de son importance, il faut songer que dans l'ordre merveilleux de l'univers, *rien, absolument rien*, ne subsisterait sans la chaleur.

Abandonnons maintenant cet ordre d'idées auquel nous ne devons pas nous arrêter en ce moment, mais qu'il faut du moins avoir entrevu, si nous ne voulons pas nous condamner à n'apercevoir jamais que le petit côté des grandes choses.

Observons la chaleur se manifestant autour de nous, et agissant sur les objets qui nous avoisinent. Le propre de la chaleur est d'*écarter* les unes des autres les *molécules* dont les *corps*[1] se composent. Tous les phénomènes que nous allons observer, quelque divers qu'ils soient, dérivent de cette propriété

______

1 Ou *objets*.

fondamentale. Si nous échauffons un objet quelconque[1], cet objet se *dilate*, c'est-à-dire que, toutes ses particules s'étant écartées, il augmente en volume. Quand ce même corps se refroidit, ses molécules se resserrent, il se *contracte*, il diminue de volume.

La quantité dont le volume des corps augmente ou diminue ainsi est peu considérable, et pour l'apprécier il faut dans la plupart des cas l'œil exercé et les instruments du savant.

Nous n'en parlerons donc pas à nos petits élèves. Mais cette propriété de la chaleur d'écarter les particules des corps se manifeste d'une manière beaucoup plus apparente dans une autre série de phénomènes.

Quand les particules d'un corps sont étroitement rapprochées les unes des autres, elles sont retenues à leur place, et le corps qu'elles constituent ne peut changer facilement de forme : il est *solide*. Mais sous l'action de la chaleur les molécules s'écartent, et il arrive un moment où elles se désassocient pour ainsi dire ; leur union étant relâchée, elles changent facilement de place, roulent les unes sur les autres comme les grains de sable ; le corps enfin devient liquide. La *liquéfaction* produite par l'augmentation de la chaleur s'appelle *fusion*.

Par contre, si ce corps liquéfié par la chaleur se refroidit, ses particules se resserrent, perdent leur mobilité : la substance redevient solide. C'est la *solidification*.

Si au lieu de se refroidir la substance liquéfiée s'é-

---

1. Les exceptions ne sont qu'apparentes.

chauffe encore davantage, son volume liquide augmente de plus en plus, et il vient un moment où les molécules de plus en plus écartées et désassociées, deviennent *volatiles*, s'étendent de manière à occuper un espace relativement très-grand, et en même temps à être, relativement aussi, très-clairsemées dans cet espace. La substance est devenue un gaz; on dit qu'elle a pris l'état *aériforme*, c'est-à-dire qu'elle est semblable à l'air par sa ténuité et sa légèreté : ce phénomène est la *vaporisation*. Si la chaleur qui lui a fait prendre cette forme vient à diminuer jusqu'à une certaine limite, les particules se rapprochant, la substance redevient *liquide* : c'est la *condensation*. La substance enfin deviendra solide, si le refroidissement continue encore.

Une même substance peut donc être successivement un *solide*, un *liquide* et un *gaz*, sans s'altérer dans sa nature intime. Ces trois états de la matière, si différents à nos yeux, sont, en définitive, trois degrés différents d'écartement, trois modes différents de groupement dans les molécules de la même substance. Qui a produit ces phénomènes? la chaleur; c'est elle qui règne en maîtresse sur les transformations de la matière.

Toute substance, excepté celles que la chaleur détruit, est susceptible de passer par les trois états. Mais pour se transformer, toute substance n'exige pas la même température. La température qui fait fondre le plomb n'altère pas la solidité du fer. La température qui fait bouillir l'eau et la change en vapeur laisse le mercure à l'état liquide. De même, à la température ordinaire de l'air et des objets qui nous entourent, l'eau est liquide; c'est que la quantité de chaleur qu'elle contient habituellement suffit à la maintenir à cet état. Mais le froid la transforme en glace, c'est-à-dire la fait passer à l'état solide.

Qu'est-ce que le froid? Est-ce un principe différent de la chaleur, un principe opposé à la chaleur? Non : le froid n'est pas un *principe*, une cause opposée à la chaleur; pas plus que l'*obscurité* n'est un principe opposé à la lumière. L'obscurité, c'est l'absence de la lumière, ou tout au moins un degré moindre de lumière. Le froid est de même un moindre degré de chaleur. Ainsi, quand la chaleur vient à diminuer jusqu'à un certain degré, l'eau se congèle. Si au contraire la chaleur augmente, l'eau se liquéfie, et même se vaporise, si la chaleur devient assez forte.

L'eau est donc tout simplement une matière que la chaleur ordinaire suffit à maintenir à l'état liquide. Le dégel et la fusion du plomb ou du fer sont deux phénomènes *absolument* semblables; ils ne diffèrent que par la quantité de chaleur nécessaire pour les accomplir.

De même enfin, l'*air* est simplement une substance telle que la température ordinaire suffit pour la maintenir en vapeur. Il en est ainsi de tous les gaz; si on les refroidissait suffisamment, c'est-à-dire si la chaleur qui suffit pour les maintenir en vapeur venait à diminuer, ils deviendraient *liquides*, puis *solides* même. Ainsi le gaz que produit le charbon en combustion, et qu'on appelle *acide carbonique*, peut être rendu liquide, puis congelé, par un refroidissement énergique.

Ajoutons encore ici une remarque. Quand on chauffe les liquides jusqu'à l'ébullition, ils se transforment tumultueusement en vapeur. A un degré de chaleur beaucoup moindre, ils peuvent se transformer aussi en vapeur, mais lentement et sans qu'on puisse s'en apercevoir. Ainsi, à la température ordinaire, l'eau se transforme peu à peu en vapeur, elle *s'évapore;* un linge mouillé, une terre humide, sèchent peu à peu. Une élévation de température, l'échauffement produit par les rayons du soleil par exemple, favorise cette évaporation. Plus il fait chaud, plus l'eau s'évapore rapidement, plus l'air absorbe de vapeur; si l'air se refroidit, il dépose le surplus de vapeur qu'une chaleur moindre ne lui permet plus de contenir; cette vapeur se *condense* en nuages d'abord, ou en rosée, ou en pluie, en neige même, si le refroidissement est suffisant : ceci est la clef de presque tous les phénomènes atmosphériques.

La chaleur se propage de deux manières : elle se communique à travers les objets, ou à leur contact; ainsi la cuiller qui plonge dans un potage brûlant s'échauffe jusqu'à l'autre extrémité; ainsi un objet mis au contact du charbon incandescent devient rouge-feu.

Puis la chaleur a pour se propager un autre mode, semblable à celui de la lumière : elle rayonne. La chaleur du soleil nous arrive, comme sa lumière, par voie de rayonnement.

Ces simples notions que nous avons cru devoir résumer ici suffiront, et au delà, à guider l'instituteur dans son enseignement de cette année.

I. La chaleur.

Ce paragraphe a pour but de faire comprendre à l'enfant :

1° Q'on appelle chaleur la *cause* par laquelle un objet devient chaud, etc. ;

2° Que la sensation produite sur nous par de la chaleur *élevée à un certain degré* nous permet d'apprécier approximativement la température d'un objet;

3° Que la chaleur du feu pénètre les objets qui sont en contact avec le combustible emflammé, ou qui en sont seulement rapprochés ;

4° Qu'un objet chauffé, abandonné ensuite à lui-même, perd sa chaleur, c'est-à-dire *se refroidit*;

5° Enfin, que le froid n'est pas une *chose positive* opposée à la chaleur, mais seulement un moindre degré de chaleur. C'est sur cette dernière notion qu'il convient d'insister.

On appelle *source de chaleur* toute cause pouvant produire de la chaleur. Les circonstances où la chaleur se dégage sont nombreuses. Nous nous contenterons de citer à l'enfant les deux sources de chaleur les plus importantes : le soleil, la combustion.

II. La fusion.

Nous invitons l'instituteur à rendre les enfants témoins d'une petite expérience de *fusion*. A la rigueur, une bougie, un bâton de cire à cacheter, peuvent suffire. Mais la fusion d'un métal, du plomb par exemple, frappera beaucoup plus les jeunes spectateurs. Un simple réchaud un peu vif, une cuiller de fer, et quelques fragments de plomb, voilà tout ce qu'il faut. Vous versez le métal en fusion dans un vase creux, puis vous faites remarquer, après refroidissement, que la matière a pris la forme du *moule*, forme qu'il gardera désormais. Ajoutez que les autres métaux usuels fondent de même, mais qu'il leur faut un feu beaucoup plus ardent que pour le plomb. Vous ajoutez que toute substance non susceptible de se décomposer par le feu fond, si on emploie une chaleur assez intense.

III. La glace.

L'enfant n'est pas disposé, au premier abord, à assimiler la formation de la glace et sa fusion à la solidification et à la fusion des matières qui réclament pour fondre une température considérable. C'est une conséquence de cette erreur du langage qui présente le froid comme étant une réalité distincte de la chaleur, tandis que le froid n'est qu'un moindre degré de chaleur. Pour chaque substance il y a une certaine limite de température où elle est pour ainsi dire indécise entre l'état solide et l'état liquide. Un peu plus de chaleur, la substance fond; un peu moins, elle se solidifie. Tout cela est donc une question de relation. La température à laquelle l'eau se congèle est assez basse pour faire sur nos organes l'impression d'un froid vif; si la température s'élève, la glace va fondre,

absolument de la même manière que le plomb fond à
une température *brûlante* pour nos organes. Sans
entrer dans ces considérations (qu'il faut pourtant ne
pas perdre de vue), rappelons aux enfants que le mot
froid signifie *peu de chaleur;* que l'eau se congèle
parce qu'elle est assez *refroidie* pour cela, comme
la cire se fige aussi lorsqu'elle est assez *refroidie* (le
degré de température diffère); mais que si la chaleur
augmente la glace fond, absolument encore comme
la cire fond sur le feu. Les expressions : *beaucoup,
peu* de chaleur, se rapportent à nous, à nos sensations,
par rapport à la température des diverses substances.

Il est nécessaire que les enfants se fassent une idée
juste, sinon complète, de la congélation de l'eau et de
la fusion de la glace, puisque ces phénomènes se passent chaque hiver sous leurs yeux. Si vous faites cette
leçon pendant la saison rigoureuse, et qu'il vous soit
possible de vous procurer neige ou glace, profitez-en
pour montrer que la neige n'est autre chose que de
la glace disposée en petites aiguilles, très-fines, entrelacées, et formant des flocons ; vous rappellerez les
aiguilles de glace qui se forment sur les vitres pendant la gelée, et figurent de si gracieux feuillages ;
faites aussi l'expérience de la fusion de la glace.

IV. La vaporisation.

Il est essentiel que l'instituteur répète devant son
petit auditoire l'expérience de l'ébullition, afin de
montrer le bouillonnement, la vapeur formée, la *condensation* de cette vapeur par le froid, comme nous

l'indiquons aü § 4 du livre de l'élève. Un réchaud et un petit vase de fer sont tout ce qu'il faut. Au besoin, une lampe à esprit de vin dont l'usage est très-répandu suffira.

Faites bien comprendre aux enfants que la *vapeur* n'est pas d'une *autre* nature que l'eau. L'état a changé, mais non la substance. De même la glace est aussi de la même nature que l'*eau*.

LA LUMIÈRE.

Laissant de côté toute considération de pure théorie sur la nature de la lumière, constatons, par des expériences familières les phénomènes qui nous offrent le plus d'intérêt.

Notre œil perçoit la *lumière*, et nous ne connaissons les objets que par la lumière qu'ils nous envoient. Quand un rayon de lumière entre dans notre œil en passant par notre *pupille*, nous percevons la sensation de la lumière. Puisque nous voyons les *objets*, c'est donc que les objets nous *envoient* de la lumière. Seulement une distinction est à faire.

Certains corps émettent de la lumière : ils sont lumineux par eux-mêmes. Les autres ne sont pas lumineux par eux-mêmes : ils ne font que *renvoyer* la lumière qu'ils ont reçue des corps lumineux. Les premiers éclairent, les seconds sont *éclairés;* sans la lumière qu'ils reçoivent ils ne seraient pas aperçus.

Un objet lumineux *rayonne*, envoie de la lumière, dans toutes les directions. Cette lumière, si elle n'y rencontre pas d'obstacle, se propage toujours en ligne droite. Quelques-uns des rayons rencontrent notre œil, y pénètrent, et nous font ainsi connaître l'existence de l'objet lumineux. La même chose arrive lorsque nous *voyons* un objet non lumineux par lui-même, mais *éclairé*. La source de lumière a émis des rayons; ceux de ces rayons qui rencontrent l'objet se heurtent pour ainsi dire à sa surface, ils rejaillissent et rayonnent désormais de là comme si l'objet brillait de sa propre lumière. Cette lumière réfléchie en pénétrant dans notre œil nous montre l'objet, sa couleur, sa forme, par un mécanisme admirable, dans le détail duquel nous n'entrons pas aujourd'hui.

Le phénomène par lequel un objet qui reçoit de la lumière la renvoie, la rayonne à son tour, se nomme *réflexion*. C'est donc par la *réflexion* de la lumière que nous voyons les objets.

Quand la surface d'un objet n'est pas polie, elle rayonne la lumière indifféremment dans toutes les directions, mais lorsque la surface est *polie*, la lumière qui y tombe est *réfléchie* dans une direction déterminée; il se produit alors une série de phénomènes importants, dont nous nous occuperons dans une autre période : ce sont les effets des *miroirs*.

Lorsque la lumière issue d'une source lumineuse tombe à la surface d'un corps, il arrive l'une de ces deux choses : ou la lumière est arrêtée par cette surface, et ne pouvant pénétrer à travers la substance de l'objet, elle rejaillit, au moins en partie, ainsi que nous venons de le dire; ou bien, au contraire, la lumière n'est pas arrêtée par la surface, elle pénètre à travers la substance de l'objet, et passe au delà.

La matière qui arrête la lumière et se refuse à lui livrer passage est dite *opaque*; la matière que la lumière traverse sans obstacle est dite *transparente*. Il suit de là que si un objet opaque est placé en face de notre œil, nous voyons cet objet, mais nous ne saurions apercevoir ce qui est derrière lui, l'opacité de cet objet s'y oppose. Une matière transparente, au contraire, laisse apercevoir à travers son épaisseur les choses situées au delà. Si les surfaces de l'objet transparent n'étaient pas planes et parallèles, les choses vues au travers seraient altérées dans leur forme et leurs proportions; mais dans le cas ordinaire, où les deux surfaces sont planes et parallèles (telles que les vitres de nos fenêtres), la forme des objets vus par transparence reste ce qu'elle est. Lorsque la lumière traverse des objets transparents, une nouvelle série de phénomènes brillants et remarquables se produit. Toutefois nous pouvons en ajourner l'analyse, et nous borner, pour le moment, à la constatation du fait de transparence.

Enfin, il est des substances qui ne sont pas assez facilement pénétrables à la lumière pour qu'on puisse voir au travers, et qui cependant laissent passer une certaine quantité de lumière vague et *diffuse*; ces matières sont dites : *translucides*. Tels sont particulièrement les nuages. C'est grâce à la translucidité des nuages que la lumière du soleil nous arrive, quoique cet astre soit voilé par eux.

Les corps opaques, arrêtant la lumière, projettent de l'*ombre*. Dans le cas où la lumière renvoyée de mille manières par tous les objets environnants rayonne de plusieurs points à la fois, avec une intensité très-diverse, les *ombres* projetées par les objets offrent les problèmes les plus compliqués. Observons seulement, pour nous en rendre compte, la formation des ombres dans le cas le plus simple, celui où la lumière vient directement d'un seul point : comme dans la condition d'un objet éclairé par la lumière directe du soleil ou d'une lampe.

Le corps opaque placé sur le chemin des rayons lumineux en arrête une partie, et derrière lui s'étend un espace privé de lumière. Cet espace obscur, c'est l'*ombre* du corps opaque. Si derrière cet objet se trouve une surface quelconque, celle d'un mur par exemple, cette surface se trouve privée de lumière dans la partie correspondant à l'espace rendu obscur par l'objet qui *porte* ombre. Cette partie de la surface ainsi privée de lumière, nous la nommons aussi l'*ombre*, l'*ombre portée* de l'objet opaque.

Les contours de l'*ombre portée* ont ordinairement un certain rapport avec la forme de l'objet qui porte l'ombre ; mais ces contours, formant ce qu'on appelle une *silhouette*, sont plus ou moins altérés. Quand la surface qui reçoit l'ombre est située *obliquement*, l'ombre est plus ou moins allongée, etc. La science de la géométrie permet de se rendre compte, avec une parfaite exactitude, du jeu parfois compliqué, et des apparences si fantastiques des ombres ; mais nous n'avons pas à nous en occuper en ce moment. Remarquons seulement que si la surface qui reçoit la lumière et l'ombre est située *perpendiculairement* aux rayons lumineux, l'ombre reproduit fidèlement le contour et les proportions d'un objet convenablement placé.

I. L'œil et la lumière.

« Pour que nous voyions, il faut qu'il entre de la lumière dans notre œil. » Telle est la formule destinée à préparer la conclusion que nous tirerons plus tard : « donc les objets rayonnent de la lumière. » Cette vérité fondamentale n'eût pas été comprise des enfants sans une préparation.

Nous débutons par une sorte d'allégorie, laissant aux maîtres le soin de diriger l'esprit et l'imagination des enfants, quant à la comparaison.

Cette comparaison n'est pas une similitude absolue, bien entendu ; quand la lumière pénètre dans une chambre, elle nous fait voir les objets situés *dans* cette chambre, et quand la lumière pénètre dans nos yeux, elle nous fait voir les objets situés *hors* de nos yeux ; mais nous n'avons voulu parler que de la simple sensation visuelle.

II. Les sources lumineuses.

Les corps lumineux par eux mêmes sont nommés *sources de lumière.* Parmi eux nous devons d'abord citer ceux qui sont le plus à la portée des enfants : les *substances en combustion.* Faites désigner à l'enfant les sources de la lumière artificielle, habituellement employée à nos usages : le feu de l'âtre, la flamme des lampes, bougies ; le gaz d'éclairage, si vous êtes dans une ville éclairée par ce procédé.

Parmi les *corps célestes*, les uns sont lumineux par eux-mêmes : le soleil, les étoiles. D'autres, au contraire, ne brillent que de la lumière qu'elles reçoivent du soleil, comme la lune et les planètes. Ce sont, à proprement parler, des objets éclairés. Nous nous bornons à citer aux enfants le soleil ; il leur serait peut-être difficile de considérer comme un simple reflet la lumière si vive de la lune.

III. Les corps éclairés.

Les enfants doivent maintenant avoir compris que, pour que nous voyions un objet, il faut que cet objet *ait* de la lumière. Ou il en produit, ou il en reçoit ; les enfants admettent ceci sans difficulté. Faisons-leur constater que les objets qui les entourent ne sont pas lumineux par eux-mêmes. Pour cela il suffit de fermer bien exactement les volets, s'il fait jour, ou d'écarter la lumière, s'il fait nuit. Les objets cessent alors d'être aperçus, donc ils n'émettent pas de lumière. La lumière du jour ou celle de la lampe étant rentrée dans la chambre, les objets sont aperçus de nouveau, donc ils *reçoivent* de la lumière : voilà tout le raisonnement ; il est à la portée du plus petit enfant.

IV. L'opacité et la transparence.

Profitez d'un rayon de soleil pour montrer aux enfants que la lumière directe traverse le *verre*. Faites
la même expérience avec un verre rempli d'eau. Puis
interposez un morceau de bois ou de carton pour démontrer leur propriété d'empêcher le passage de la
lumière.

Pour rendre l'expérience plus frappante, choisissez
une fenêtre directement exposée au soleil, et faites au
volet de cette fenêtre un trou rond de 4 ou 5 centimètres de diamètre. Les autres fenêtres de l'appar-
tement étant closes, la lumière ne pénètre que par
cette ouverture; le rayon du soleil qui y glisse est
d'une vivacité que le contraste de l'ombre fait admi-
rablement ressortir. Vous établissez ainsi une sorte de
chambre obscure, à l'aide de laquelle vous pourrez
faire un très-grand nombre de petites expériences
frappantes et instructives. Nous en indiquerons au
fur et à mesure. Seulement il faut, pour la plupart
de ces expériences, que les rayons du soleil arrivent
directement. S'il vous est possible de disposer le volet
ainsi que nous venons de le dire, vous faites distinguer les objets transparents et les matières opaques, en les appliquant successivement devant la petite ouverture.

V. La transluoidité.

Entre la transparence parfaite et l'opacité absolue
il y a beaucoup de degrés. On est convenu d'appeler

translucides les substances au travers desquelles la lumière passe en partie, mais qui ne laissent pas distinguer nettement la forme des objets situés derrière. Prenez une feuille de papier, appliquez-la au trou du volet, ou simplement contre la vitre; si le soleil brille, l'expérience sera plus nette et plus frappante. Présentez au trou du volet d'autres substances translucides: corne, écaille, ivoire, parchemin, etc. Les tissus, qui laissent passer le jour au travers de leurs fils, jouent aussi le rôle de substances translucides; d'ailleurs les fibres elles-mêmes du tissu le sont à un certain degré. Rappelez l'effet des rideaux fermés pour tamiser la lumière du soleil.

VI. L'ombre.

L'ombre est la conséquence de l'interposition d'un objet opaque sur le trajet de la lumière. Faites l'expérience des ombres portées par des objets de formes variées. Pour lui donner toute la netteté, tout l'intérêt possible, fixez sur le tableau noir une grande feuille de papier, puis posez ce tableau de manière que les rayons du soleil y tombent bien perpendiculairement. Que la fenêtre soit ouverte, s'il est possible. Vous présentez alors successivement plusieurs objets dont l'ombre se projettera sur le papier. Vous aurez soin de leur donner la position où l'ombre reproduit le plus fidèlement le contour de l'objet.

Il serait difficile d'indiquer d'avance cette position; mais un rapide essai permet de la reconnaître sans hésitation. Maintenez immobile un objet de forme

simple, mais bien caractérisée, un vase, un chande-
lier, etc.; tracez rapidement sur le papier le contour
de son ombre, puis présentez aux enfants le dessin
ainsi obtenu. Répétez la même opération avec un objet
de forme plus compliquée, un rameau avec ses feuilles,
par exemple. Le tracé peut être fait rapidement, il ne
s'agit ici que d'une démonstration. Invitez les enfants
à imiter, aux heures de récréation, ce que vous appel-
lerez le *jeu des ombres;* par exemple, tracer sur le sol
de la cour l'ombre portée d'un angle de mur, d'un
tronc d'arbre, etc. : nouveau moyen de développer en
eux le sentiment du contour.

Faites venir un enfant devant le tableau éclairé, et
faites-lui exécuter certains mouvements, prendre certaines poses, en faisant remarquer comment l'ombre
les reproduit : donnez-en la raison. Ne craignez pas la
gaieté qui peut-être accompagnera la démonstration;
prenez-en votre parti de bonne grâce, et souriez vous-
mêmes : vous aurez montré que la science et la joie
ne sont pas ennemies l'une de l'autre.

Rappelez aux enfants le *jeu des ombres* à la veillée;
faites-leur remarquer que l'ombre grandit à mesure
qu'on approche l'objet de la source lumineuse. L'explication de ceci est encore au-dessus de leur portée,
mais invitez-les à constater le fait. Familiariser les
enfants avec les apparences quelquefois si extraordinaires des ombres, c'est les prémunir contre les vai-
nes frayeurs et les surprises du demi-jour et de la
nuit.

Il est encore un autre jeu que nous indiquons ici à
titre de récréation. Il y a des circonstances où les en-

fants ne peuvent sortir du préau. Pendant ce temps on ne sait que faire pour les contenir et empêcher le bruit de devenir tapage, le jeu de devenir mêlée. Ce qui y réussit le mieux, c'est de répéter sous une forme plus fantaisiste quelques-unes des expériences qui ont plu aux enfants.

Un instituteur a souvent occasion de se montrer ingénieux. Pour le cas qui nous occupe, prenez quelques feuilles de papier un peu fort ; en le pliant, en le découpant avec des ciseaux, vous obtiendrez des silhouettes variées et symétriques. C'est extrêmement facile et prompt. Alors vous présentez devant le tableau les découpures obtenues, et le contour de ces découpures sera représenté en ombre sur un fond éclairé. Puis présentez la feuille de papier où cette découpure a laissé un vide, et vous obtenez une silhouette semblable, mais éclairée sur un fond obscur. Le changement d'effet est très-curieux, si le vide de la découpure a été convenablement ménagé.

VII. Le lointain.

Notre œil juge la distance relative des objets à l'aide de plusieurs procédés. Il a surtout deux manières de l'apprécier : la diminution de l'angle *visuel* qui est un des phénomènes de la perspective *linéaire,* et la dégradation des teintes qui constitue un des effets de la perspective *aérienne.*

Imaginez un objet de grandeur déterminée, une *règle,* par exemple, placée devant votre œil à une petite distance ; concevez une ligne idéale partant de chacune des deux extrémités de cette règle, et aboutissant à votre œil. Ces deux lignes se rencontrant dans votre œil forment un angle, et l'objet vu est contenu dans cet angle qu'on nomme : l'*angle visuel* d'un objet.

Si votre règle est transportée à une distance plus grande, remarquez que l'*angle visuel* se *ferme*, et devient plus petit qu'il n'était dans la première position de la règle.

La grandeur apparente d'un objet tient donc à l'angle visuel qui le renferme. C'est pour cela que les objets lointains paraissent considérablement diminués, par rapport aux objets prochains. Mais notre expérience nous a appris à tenir compte de cette circonstance, et nous sommes tellement habitués à restituer par le raisonnement leur véritable proportion aux objets éloignés, que nous remarquons à peine la diminution extrême que la distance donne à leur *grandeur apparente*.

Si vous voulez exactement apprécier, et faire apprécier cette réduction de la grandeur apparente, fermez un œil, et visez de l'autre un objet lointain de grande dimension, une maison par exemple ; puis prenant dans votre main, au bout du bras tendu, un objet de toute petite dimension, et plaçant cet objet dans la direction où vous voyez la maison, de manière que les deux choses semblent coïncider, vous serez étonnés des résultats de la comparaison. Vous pourrez constater, par exemple, que votre petit doigt offre la même *dimension apparente*, le même *angle visuel*, qu'un vaste logis situé au loin, et peut couvrir toute une colline à l'horizon, etc. Cette épreuve mérite d'être répétée. La dégradation des teintes, due à l'imparfaite transparence de l'air, concourt aussi à nous donner une idée de l'éloignement d'un objet. Si l'air n'absorbait pas, n'arrêtait pas une certaine partie de la lumière, ainsi que le font, à un plus haut degré, les substances seulement translucides, les objets lointains nous apparaîtraient avec la même netteté, la même vivacité de couleur, les mêmes contrastes tranchés d'ombre et de lumière, que les objets situés près de nous. Mais il n'en est pas ainsi ; la transparence de l'air varie selon la quantité de vapeurs qu'elle contient, et diverses autres conditions ; elle peut avoir tous les degrés, depuis le brouillard le plus épais qui nous cache les objets situés à dix pas, jusqu'à la transparence de l'atmosphère des montagnes. Même dans une atmosphère d'une pureté exceptionnelle, la transparence de l'air n'est pas absolue. Les lointains sont donc toujours effacés, estompés de teintes grisâtres. Cette circonstance entrant pour beaucoup dans l'appréciation de la distance, et *par suite* dans l'estimation de la grandeur réelle des objets lointains, il faut que les enfants s'en rendent compte, afin de contrôler avec connaissance de cause le témoignage de leur sens. Pour cela, l'expérience est nécessaire, car il est bien prouvé que l'enfant au berceau ne sait pas apprécier les distances, et fait des efforts pour saisir des objets tout à fait hors de sa portée. Ce jugement, que l'expérience apprend à porter, le raisonnement l'éclaire et le précise.

VIII. La chaleur et la lumière s'accompagnent.

Entre la lumière et la chaleur il y a tant de ressemblances, tant d'analogies, qu'on est forcément conduit à leur donner la même origine. Ce n'est pas ici le lieu d'entrer dans ces considérations de pure théorie. Du moins est-il un fait qu'il nous est facile de constater : la chaleur et la lumière s'accompagnent le plus ordinairement, si bien que les sources de chaleur sont en même temps des sources de lumière. Ce grand fait général, frappant, d'une importance considérable, nous l'observons partout autour de nous, et il est bon que les enfants en fassent la remarque, en même temps que nous leur insinuerons la *parenté* qui existe entre ces deux grands agents.

Le soleil et les étoiles sont à la fois des sources de lumière et des sources de chaleur; toutes les *combustions vives* de nos foyers, de nos appareils d'éclairage, émettent à la fois l'une et l'autre : l'électricité, dans l'explosion de la foudre par exemple, et dans mille autres circonstances, produit à la fois des effets de chaleur et de lumière; et cette magnifique lumière électrique, aujourd'hui si célèbre, est en même temps le foyer de la plus vive clarté que nous puissions produire, et d'une chaleur à laquelle rien ne résiste.

Il est sans doute des circonstances où nous pouvons observer de la lumière produite sans chaleur (au moins sensible), par exemple la *phosphorescence*, la lueur vague que répandent dans l'obscurité certaines substances : exception bien peu importante en face de la règlo générale. D'un autre côté, nous observons la chaleur non accompagnée de lumière dans les objets échauffés jusqu'à un certain degré; mais tout objet échauffé au delà de ce degré (égal à cinq ou six fois la température de l'eau bouillante) devient lumineux; exemple : le fer rougi au feu.

Faites observer aux enfants les effets que nous avons indiqués à la fin de ce paragraphe : faites-leur un petit tableau de l'ardeur du soleil d'été dans la plaine, accompagnant la lumière éblouissante de l'heure de midi; de la fraîcheur des ombrages, de la température douce du soir dès que le jour baisse, et de la fraîcheur de l'air de la nuit. Appelez-en sans cesse au souvenir, et tâchez d'intéresser les enfants aux descriptions des choses naturelles.

DES PHÉNOMÈNES ATMOSPHÉRIQUES.

I. Le vent et la tempête.

Nous avons déjà dit un mot du *vent* pour faire connaître l'air. Nous y revenons cette fois pour faire constater ses différents effets, suivant ses différents degrés d'intensité, et apprendre aux enfants la valeur de quelques mots d'usage journalier. L'instituteur devra faire remarquer aux enfants, qui ne songent pas à les apercevoir, les effets du mouvement de l'air, et leur montrera directement ceux qui se produisent au moment même (calme, brise, tempête). Il développera sous forme de tableaux ce que nous n'avons fait qu'ébaucher, en saisissant toutes les occasions de rappeler les faits observés par les enfants.

« Vous vous souvenez, mes chers enfants, du jour où le grand arbre de la cour eut une de ses branches brisée par le vent : vous avez vu cette branche pendre jusqu'à terre, etc. Et le vent était si fort ce jour-là, que votre petit camarade X... fut renversé en passant au coin de telle rue..., etc. C'était une *tempête*. » Il n'y a plus rien d'abstrait maintenant; vous pouvez continuer, raisonner comme vous l'entendrez; le tableau est formé, vrai, animé, frappant, dans l'imagination de l'enfant.

L'instituteur d'une ville maritime ou d'un village du littoral devra rappeler à ses petits élèves l'aspect de la mer dans le calme et dans la tempête : ce sera, de toutes ses descriptions, la partie la plus frappante et la mieux accueillie; car l'enfant qui connaît la mer a toujours beaucoup d'attrait pour elle. D'ailleurs il est raisonnable d'entretenir l'élève particulièrement de ce qui est à portée de son observation.

Dans les localités centrales, au contraire, on devra ajourner de telles descriptions; un enfant qui n'a jamais vu la mer ne pouvant s'en faire une idée, nous n'en parlons pas dans le livre de l'élève. On se contentera donc, pour le moment, de faire remarquer sur la rivière, l'étang ou le bassin, l'agitation de l'eau, et les rides ou petites vagues qui en sillonnent la surface; cela suffit pour conclure que le vent agite et soulève les eaux.

II. Les nuages.

Le mot de *ciel* est employé avec tant d'acceptions diverses, qu'on ne peut guère songer à lui donner la rigueur scientifique. Au sens propre, nous l'employons tantôt pour désigner l'espace où se meuvent les mondes, tantôt pour désigner les hautes régions de l'atmosphère où flottent les nuages. L'imagination de l'enfant ne peut se faire une idée très-nette du *ciel* en tant *qu'espace*; il ne peut avoir encore la notion d'atmosphère limitée. Nous employons donc le nom de *ciel* avec le sens vague de son acception vulgaire. Il importe que l'enfant connaisse ce mot, qui est d'un usage journalier; seulement, prenons garde que son imagination ne le *matérialise* et ne se fasse « de l'espace bleu de là-haut » l'idée d'une voûte solide, ainsi que la vue semble le témoigner : illusion dont les anciens n'ont pas su se défendre, et qui n'a pas peu contribué à jeter le trouble dans les esprits.

Nous complétons ici ce que nous devions dire du vent, en faisant remarquer à l'enfant que les nuages *fuient* (chose qu'il n'a pas eu sans doute la patience d'observer), et que c'est le vent qui les transporte.

A une température élevée l'eau *bout*, c'est-à-dire se transforme tumultueusement en vapeur. Tiède, froide même, elle se vaporise aussi, moins rapidement, bien entendu.

Ainsi l'eau tiède émet des vapeurs visibles; la terre, l'herbe échauffée par le soleil, aux heures ardentes de midi, transpire une vapeur légère et diaphane qu'on voit, en se penchant, *danser* sur les sillons. Un linge mouillé sèche à l'air, l'eau qu'il contenait se dissipe en une vapeur que le courant d'air balaye à mesure; la terre humide sèche aussi, même en l'absence des rayons directs du soleil. *Toute eau émet sans cesse des vapeurs.*

La vapeur d'eau existe dans l'air sous deux formes : sous l'une de ces formes elle est invisible, mélangée à l'air, d'autant mieux *dissoute* par l'air que celui-ci est plus chaud. Dans cet état, rien n'altère sa transparence. L'autre manière d'être de la vapeur d'eau est celle sous laquelle nous l'apercevons : fumée blanche sortant du vase d'eau bouillante, ou du tuyau de la locomotive; brouillard, nuage, sorte de poussière humide. A cet état, elle est seulement translucide; elle altère d'autant plus la transparence de l'air, qu'elle y est en plus grande quantité.

C'est surtout quand l'air est froid que la vapeur, ne pouvant plus se dissoudre facilement, prend la forme de *nuage.*

Ainsi l'hiver, la vapeur du souffle, celle d'une eau légèrement tiédie, se montrent sous forme de fumée; l'été, cette vapeur se dissolvant à mesure qu'elle se produit, est à peu près invisible.

La vapeur d'eau qui s'élève des terres et des mers, en tout temps, mais surtout pendant la chaleur du jour, se refroidit, et dans les hautes régions de l'atmosphère prend la forme de nuages. Les nuages les plus lourds sont à deux kilomètres environ de la terre, les plus légers s'élèvent jusqu'à cinq ou six kilomètres.

III. La pluie.

La vapeur dissoute dans l'air a déjà subi, pour devenir nuage, un degré de *condensation :* en s'accumulant, se *condensant* davantage encore sous l'action du froid des hautes régions, le nuage se résout en petites gouttelettes d'eau *liquide*, comme nous le dirons à nos élèves pour leur rappeler qu'il y a aussi l'eau *vapeur* et l'eau *solide*.

Telle est la formation de la pluïe. La rosée a une origine analogue, mais elle se forme dans des circonstances un peu différentes; nous y reviendrons plus tard.

La *neige*, dont nous avons ci-dessus indiqué la structure, se forme dans la condensation des vapeurs d'un nuage, par un froid assez vif pour faire passer *presque soudainement* l'eau à l'état de *glace.*

La grêle, infiniment plus dure et plus compacte, ne prend naissance que sous une influence orageuse.

Les grêlons sont formés d'enveloppes successives, ainsi qu'il est facile de le vérifier en les brisant.

Les gelées blanches se forment de la même manière que la rosée, mais par un refroidissement plus intense, qui congèle l'eau à mesure qu'elle se condense sur les objets. Le *verglas* et le *grésil* sont une sorte de *pluie gelée* qui se durcit sur un sol très-froid.

Décrivez la chute de la grêle; la neige blanchissant la campagne. Insistez sur le *dégel*, sur les ruisseaux qui en résultent; nous en ferons une application prochaine.

CHAPITRE IX.

HISTOIRE NATURELLE.

Introduction.

Développer chez l'enfant le sens de l'observation en attirant ses regards sur les êtres et les choses qui l'entourent, ce n'est que la moitié de la tâche que nous devons nous proposer dans l'étude de la nature. Il faut encore que nous lui apprenions à comparer ces êtres et ces choses, à en apprécier les analogies et les différences : le jugement ne s'exerce que par la comparaison, et la science ne se forme que par le groupement des faits. De ces comparaisons établies ressortent tout naturellement les premiers éléments d'une *mise en ordre*, c'est-à-dire d'une classification.

Que ce mot de classification n'effraye personne : il y a ici, comme en toute choses, des limites à conserver, une progression à suivre. Tenons-nous-en aux grandes lignes, mais qu'elles soient nettement tracées. Que les comparaisons sur les caractères les plus apparents soient justes et claires. C'est simple, c'est facile ;

les choses que nous avons à classer pour le moment sont si peu nombreuses ! Montrons, sur ces éléments, comment s'établit un groupement; n'attendons pas à avoir un nombre de faits trop considérable pour commencer la première mise en ordre : ce serait alors beaucoup plus difficile

Il est nécessaire, pour la clarté de l'enseignement de l'histoire naturelle, que les grands traits de la classification soient présentés aux enfants d'une manière raisonnée. Au point de vue pédagogique, c'est un des meilleurs exercices de jugement qu'on puisse faire. Quand il s'agit de former le jugement en l'appelant à établir des comparaisons, et à en tirer des déductions, ce n'est pas par la comparaison des idées abstraites qu'il faut commencer, c'est par celle des faits qui tombent sous les sens. Ainsi, est-il bien plus facile à un enfant de classer des animaux qu'il a observés que les dix parties du discours.

Montrer les liens qui rapprochent les êtres, les caractères qui les distinguent, c'est tout à la fois conduire nos élèves à apercevoir l'ordre dans les choses naturelles, et l'établir dans leurs propres idées.

Nous avons consacré le paragraphe d'introduction à faire comprendre aux enfants que la nécessité de *classer* se rencontre dans toutes les études, et à leur montrer qu'ils ont en eux-mêmes un instinct qui les y porte. Insistez encore dans ce sens, et développez les rapprochements que nous avons indiqués.

En parcourant le livre de l'élève on verra que nous revenons avec quelques détails sur les classes et ordres principaux indiqués l'année dernière, en multipliant les types et les considérant à un nouveau point de vue, celui des rapports de la forme et des instincts de l'animal avec son genre de vie. En même temps, dans le but de compléter graduellement les séries, nous avons ajouté, dans les classes déjà citées, quelques ordres des plus intéressants pour l'enfant. Ainsi, dans les *mammifères*, nous avons divisé les herbivores en *ruminants* et en *jumentés*, nous avons nommé les *porcins*. Parmi les oiseaux nous avons fait connaître les *rapaces*. Enfin au delà des *insectes*, dans les derniers échelons, nous avons ajouté les classes des *arachnides*, des *crustacés*, des *annélides*, et des *mollusques*, réservant pour plus tard les animaux rudimentaires que l'enfant n'a pas occasion d'observer (zoophytes, protozaires).

RÈGNE ANIMAL.

I. Les carnivores.

En montrant le portrait d'un animal, il faut toujours faire la description du milieu dans lequel il vit, de ses mœurs, et faire apercevoir les relations qui existent entre ces choses : ceci est un point essentiel. Ainsi, à propos du *lion*, parlez du climat brûlant qu'il habite sur la limite des déserts, des animaux d'assez grande taille dont il fait sa proie, de ses attaques nocturnes dirigées contre les troupeaux, des dom-

mages considérables qu'il cause, de la frayeur qu'il
inspire, et des dangers auxquels on s'expose en le
combattant. Montrez que le genre de vie du lion exige
de lui une agilité extrême, une force prodigieuse, et
des armes redoutables. Faites remarquer que ce bri-
gandage nocturne est en relation avec des yeux per-
çants qui voient dans les ténèbres, et dites que l'on
rencontre cette particularité de la vue chez tous les
animaux de mœurs nocturnes, quelles que soient
d'ailleurs leur taille et leur espèce[1].

II. Les ruminants.

Le mécanisme de la digestion offre chez les ruminants une particularité très-caractéristique, qui sépare
nettement cet ordre des autres animaux herbivores
ou mangeurs d'herbe. L'estomac des ruminants se
compose de quatre cavités distinctes ; ce qui fait dire
que les ruminants ont quatre estomacs. Quand le ruminant broute l'herbe, il la coupe avec ses incisives,
commence à peine à l'écraser entre ses molaires, et
l'avale très-incomplétement broyée. Il en engloutit
ainsi une quantité considérable en peu de temps.
Mais les aliments ne peuvent être digérés dans cet
état, ils sont seulement mis en réserve dans la première cavité de l'estomac, cavité la plus vaste, appelée
la *panse*. Puis quand l'animal est au repos, il fait
passer ces aliments de la panse dans le *bonnet*,

1. Voyez pour les détails : *Zoologie des écoles.*

deuxième cavité de l'estomac. Dans le bonnet les aliments se moulent par petites pelottes qui remontent dans la bouche, où elles sont alors broyées avec soin. On peut voir ces petites boulettes remonter une à une, et remarquer le mouvement des mâchoires que l'animal ruminant exécute de droite à gauche, pour bien écraser la nourriture entre ses larges molaires. Ce broyage accompli, les aliments réduits en bouillie sont avalés une seconde fois, mais alors ils descendent dans une troisième cavité appelée le *feuillet*, d'où ils passent enfin dans la quatrième cavité nommée la *caillette*. La caillette est l'estomac proprement dit : la panse, le bonnet, le feuillet, n'en sont pour ainsi dire que les *vestibules*. C'est ce retour des aliments dans la bouche pour y être *triturés*, puis avalés de nouveau, qui constitue la *rumination*.

Malgré cette conformation particulière de leur estomac nous ne reconnaîtrions pas à première vue les ruminants, si leurs pieds n'avaient aussi une forme particulière : la division de l'ongle en deux parties distinctes. Nous répéterons ici ce que nous avons dit en parlant des carnivores; en classant ces animaux, mettez-les dans leur milieu : le bœuf aux champs, le cerf dans la forêt, le chameau au désert.

III. Les jumentés.

Les jumentés se distinguent des précédents en ce qu'ils ne ruminent pas. N'ayant pas la ressource de mettre leurs aliments en réserve, ils les triturent longuement avant de les avaler. C'est pour cela qu'il

faut trois heures à un cheval pour achever son repas.
Le pied des jumentés est terminé par un seul sabot,
témoin le cheval, ou divisé en plusieurs doigts, témoin le *rhinocéros* qu'on a rattaché au même ordre,
malgré la différence de forme.

IV. Les porcins.

Les animaux de cet ordre étaient réunis, jusqu'à
ces derniers temps, avec les *jumentés* et les *proboscidiens* (animaux à trompe : éléphants) sous le nom
de *pachydermes* (pr. pakydermes), c'est-à-dire animaux à peau épaisse. Cette dénomination a paru trop
générale et trop vague.

Dans la nouvelle classification, les trois ordres :
jumentés, proboscidiens, porcins, formés par les distinctions établies entre les anciens pachydermes, sa-
tisfont beaucoup mieux aux caractères spéciaux, et les
groupes ainsi formés sont beaucoup plus naturels.

V. Les rongeurs.

Faites observer, sur le lapin par exemple, la forme
des incisives.

Nous faisons connaître aux élèves un type nouveau
de l'ordre des rongeurs. Comparez-le aux animaux de
même ordre déjà connus; même disposition des dents
adaptée au même genre de nourriture.

Gentillesse, légèreté de l'écureuil.

Son *nid.* Instinct remarquable de prévoyance qui
le porte à mettre en réserve des graines, fruits,

amandes, dans de véritables magasins creusés entre les racines des arbres, et soigneusement cachés. Instinct de précaution pour la sécurité de sa famille. L'écureil se bâtit d'avance plusieurs nids en divers endroits du même bois, afin de pouvoir changer de domicile s'il se croit menacé de quelque danger dans celui qu'il habite. Le castor, dont les instincts sont si remarquables, appartient au même ordre.

Résumons en quelques mots les cinq ordres de la classe des mammifères, dont nous avons fait connaître les caractères distinctifs.

Carnivores, — ruminants, — jumentés, — porcins, rongeurs.

OISEAUX.

I. Les rapaces.

L'ordre des rapaces, dont nous n'avons pas parlé l'année dernière, se divise en deux *sous-ordres :* rapaces diurnes et rapaces nocturnes.

L'aigle peut être pris pour type des premiers. Décrivez sa force. — Serres, bec, puissance extraordinaire de son vol; il peut enlever des animaux d'assez grande taille, des moutons; il y a même des exemples d'enfants en bas âge enlevés par les aigles. Ses rapines : poulets, oies, canards, dindons, lièvres, lapins, chats, chiens, etc. Sa demeure dans les gorges des montagnes. Son *aire*. Ses aiglons (il n'en a jamais plus de deux). L'aiglo est un oiseau très-féroce ; et sa réputation de générosité est aussi peu fondée que colle qu'on a faite au lion.

Oiseaux de proie diurnes : vautours, milans, faucons, buses, éperviers, etc. Ces derniers sont peut-être connus des enfants : dommages qu'ils causent.

Le hibou Grand-duc est le plus beau et le plus fort parmi les rapaces nocturnes. Les autres hiboux, plus petits, sont plus communs. Les effraies, chouettes, et en général tous les rapaces nocturnes, ont entre eux une grande ressemblance extérieure, et à peu près les mêmes mœurs.

L'instituteur des communes rurales aura à combattre les superstitions qui s'attachent aux oiseaux de nuit ; insistez pour détruire de ridicules frayeurs. Les nocturnes sont inoffensifs, vivent presque exclusivement de souris, taupes, mulots, campagnols et autres rongeurs nuisibles, et nous rendent ainsi de grands services. On a calculé qu'un seul Grand-duc détruit, pour lui et sa couvée, près de 20 souris chaque nuit. Une chouette vaut dix chats. Protégez donc autant que possible la vie de ces utiles oiseaux, et apprenez à vos enfants à ne pas les détruire. Les *oiseaux et le hibou* — l'animosité des passereaux contre les oiseaux nocturnes est un fait réel.

II. Les passereaux.

Nous ajoutons à ce que nous avons dit l'année dernière sur les passereaux un mot de leurs voyages. —

Réunion et départ des hirondelles; leur retour. Récit explicatif sur les oiseaux voyageurs (1).

Ajoutez quelques notions de détails sur les passereaux; apprenez aux enfants à reconnaître les espèces les plus communes dans nos champs et nos jardins.

Chant des oiseaux : le rossignol, le merle, l'alouette, la fauvette.

Les nids : le nid de l'hirondelle. Détail sur les soins de l'incubation, la nourriture de la couvée, etc.

Faites sur ce sujet plusieurs petits tableaux gracieux. Consacrez-y, s'il le faut, quelques-unes de vos leçons sous forme de récit, aux heures destinées à cet exercice.

III. Les gallinacés.

Il y a peu à ajouter sur cet ordre déjà connu. Soins de la poule pour sa couvée. La perdrix aux champs.

Nourriture et soins à donner aux oiseaux domestiques : ce sujet mérite quelques développements, surtout si on s'adresse à des habitants de la campagne qui doivent de bonne heure donner des soins aux animaux domestiques, et chez lesquels il faut souvent redresser des croyances absurdes et routinières.

IV. Les palmipèdes.

Ce paragraphe montre comment il est possible de faire comprendre aux enfants les rapports de l'organisation de l'animal avec le milieu où il doit vivre.

1. Voyez *Zoologie des écoles.*

Expliquez ce que c'est qu'une *rame*, sa manière de fonctionner.

Ceci ayant été déjà indiqué l'année dernière, doit recevoir quelques développements.

Faites observer, à l'aide d'un dessin, la palmure des pattes d'un oiseau aquatique.

Résumez les caractères des quatre ordres de la classe des oiseaux que nous avons cités.

LES REPTILES.

I. Les serpents (ou ophidiens).

Apprenez aux enfants, autant qu'il vous sera possible, à distinguer les espèces venimeuses des espèces inoffensives, surtout celles qui se rencontrent dans la localité ou aux environs. Nous donnerons plus tard la description plus complète du mécanisme des dents venimeuses ou *crochets* de la vipère.

II. Les lézards et les tortues (ou sauriens et chéloniens).

Rappelez l'agilité et la gentillesse du lézard, et dissuadez les enfants de tourmenter ces inoffensifs animaux. Parlez du crocodile.

Faites remarquer que la *carapace* de la tortue n'est pas une sorte de boîte ou d'abri purement extérieur, mais qu'elle fait partie du corps même de l'animal.

Tortues de terre et de mer. Les tortues de marais

sont très-communes en France, dans la *Sologne* principalement. Les tortues sont *herbivores* à quelques exceptions près.

LES BATRACIENS.

Faites observer les longues jambes de derrière à l'aide desquelles la grenouille saute, et faites remarquer que presque tous les animaux sauteurs, à quelque classe qu'ils appartiennent (mammifères, insectes), ont de même leurs membres postérieurs plus développés que les membres antérieurs.

Nous ne pouvons encore faire comprendre le mécanisme comparé de la respiration chez les animaux respirant par des poumons, et chez les animaux respirant par des branchies, comme les poissons. Nous donnerons, quand il sera opportun, toutes les explications nécessaires à ce sujet. Contentons-nous, pour le moment, de faire constater le fait.

Le crapaud n'est pas venimeux à la manière des serpents. Cependant les pustules de sa peau contiennent une petite quantité d'une liqueur vénéneuse, très-active même si elle était introduite dans le sang par une ouverture ou plaie faite à la peau. Extérieurement son action se borne à causer un peu d'irritation. Cet animal n'est donc pas dangereux pour nous.

LES POISSONS.

L'instituteur devra choisir un type parmi les poissons les plus communs, et donner une description plus détaillée que nous n'avons pu la faire dans notre petit texte. Présentez un poisson vivant s'il se peut, sinon un poisson mort, à tout le moins un dessin. Montrez les écailles imbriquées, c'est-à-dire se recouvrant partiellement comme les ardoises d'un toit ; les nageoires-rames ; la nageoire-gouvernail ou queue, servant aussi à donner à l'animal une impulsion en avant par ses mouvements obliques.

Les poissons sont organisés pour respirer dans l'eau, sans avoir besoin de venir prendre de l'air à la surface : telle est la notion sommaire qui doit être présentée à l'enfant ; elle suffira provisoirement.

Montrez des *arêtes* de poisson ; faites remarquer leur flexibilité.

Certains poissons ont des arêtes raides comme de petits os ; d'autres ont les arêtes molles et *cartilagineuses*. La classification des poissons commence par séparer toute la classe en deux groupes : les poissons *osseux*, à nageoires raides, consistantes ; les poissons *cartilagineux*, à arêtes molles. Les deux groupes sont ensuite subdivisés en *ordres*, suivant d'autres caractères dont nous n'avons pas à nous occuper présentement.

La pêche.

Nous avons voulu, en décrivant la pêche, laisser dans l'ombre, autant que possible, la cruauté de cer-

tains de nos procédés de pêche, l'hameçon par exem
ple. Glissez sur ces détails, mais insistez sur l'utilité de la pêche et de ses produits.

Pêche dans les étangs et les rivières.

Tableau de la mer. Départ d'une flottille de pêcheurs. Barques à voiles. La pêche nocturne sur la
mer. Le retour des pêcheurs.

———

LES INSECTES.

Nous avons donné à cette rapide révision des insectes les plus intéressants la forme d'une prome-
nade imaginaire, témoignant ainsi, une fois de plus,
combien la variété nous paraît chose capitale. Nous
pensons que l'instituteur aura donné, ou donnera,
sur l'histoire naturelle des insectes, les détails que
comporte l'âge de ses élèves; c'est pour cela que
nous nous bornons à rappeler les traits caractéristiques des divers ordres.

Une considération pédagogique importante doit
engager l'instituteur à s'étendre un peu sur ce sujet,
en s'aidant de l'observation directe, toujours facile.
Les enfants regardent habituellement toute chose un
peu en gros. Les faits saillants les frappent seuls,
le reste leur échappe.

Il est temps d'exercer la perspicacité et la persistance de leur faculté d'observation, en appelant leur
attention sur des objets ou sur des êtres qui deman-

dent, pour être aperçus, une certaine application de coup d'œil. Ils prendront peu à peu l'habitude d'observer des choses de petites dimensions.

En entrant dans le détail, rappelez les transformations du papillon [1]. Enseignez leur division en trois groupes : papillons *diurnes*, *crépusculaires*, *nocturnes*. Ce sont généralement les chenilles des deux derniers groupes qui se renferment dans des cocons pour y subir leurs métamorphoses. Le papillon du ver à soie, appelé bombyx, appartient au groupe des *nocturnes*.

Donnez quelques détails sur les abeilles, et l'emploi que nous faisons des produits de leur activité industrieuse, etc., etc.

Faites remarquer, dans l'observation de chaque espèce d'insectes, les traits caractéristiques les plus apparents de cette classe : corps divisé en trois parties ; six pattes articulées ; métamorphoses plus ou moins complètes.

LES ARACHNIDES.

A partir de la classe des insectes, à laquelle nous nous étions arrêtés l'année dernière, nous continuons la série descendante de l'animalité.

La seconde classe de l'embranchement des annelés (les insectes formant la première) comprend les

---

1. Voyez le *Manuel* de première année.

arachnides (mot qui signifie animaux semblables à l'araignée).

Les arachnides ont le corps divisé en deux parties seulement, la tête et le thorax étant réunis. Leurs pattes sont au nombre de huit, leurs yeux de deux à douze, et même davantage. Les deux principaux ordres de cette classe sont les araignées et les scorpions. L'araignée est une bête carnassière et d'habitudes généralement nocturnes. Certaines espèces filent des toiles qui sont des piéges destinés à enlacer leur proie ; d'autres ne font pas de toiles ; elles filent seulement pour se construire un abri, et une sorte de cocon pour envelopper leurs œufs. L'araignée est pourvue de deux crochets venimeux, dont la piqûre, plus ou moins douloureuse suivant les espèces, n'est jamais réellement dangereuse pour l'homme.

LES CRUSTACÉS.

Laissant de côté la classe peu importante des *myriopodes* (mille pieds, etc.), nous disons un mot de celle des *crustacés* (encroûtés). La carapace qui recouvre les animaux de cette classe diffère surtout des enveloppes dures qui protégent les tortues et les mollusques à écailles, en ce qu'elle est *articulée*, c'est-à-dire composée de pièces mobiles dont les charnières sont disposées de manière à se prêter aux mouvements de l'animal. Cette enveloppe est une peau d'abord molle, qui s'épaissit et se durcit assez rapidement, en déposant dans son tissu une substance analogue à celles des os.

Cette enveloppe, une fois durcie, ne pouvant plus se prêter à la croissance de l'animal, il faut que celui-ci s'en dépouille à certaines époques. Alors sous cette carapace d'où l'animal se retire comme d'un étui il s'en est déjà formé une autre, mais molle, extensible, qui ne durcit qu'après quelque temps. L'ordre le plus important de cette classe contient les crustacés *décapodes*, c'est-à-dire crustacés à dix pattes : tels sont les écrevisses, homards, langoustes, squilles, crevettes, crabes, etc. Une paire antérieure de ces pattes se termine par des pinces plus ou moins fortes.

A la classe des *crustacés* appartient encore un petit animal terrestre extrêmement commun : le *cloporte.*

ANNÉLIDES.

Les *annélides* sont des animaux dépourvus de membres, et dont le corps mou est divisé en anneaux. Le ver de terre, la sangsue, sont deux exemples de cette classe relativement peu importante. Le ver de terre, animal nullement nuisible, se nourrit uniquement de *terre,* en s'assimilant le peu de substance nourrissante qui peut s'y trouver. La sangsue est un animal carnassier.

Faites distinguer les *annélides,* ou *vers,* des larves d'insectes auxquelles on donne quelquefois improprement le nom de vers. Ces larves subissent des métamorphoses inconnues aux annélides.

MOLLUSQUES.

L'embranchement des mollusques, extrêmement riche en espèces très variées, contient des animaux dont le corps est mou (et non divisé en anneaux ou rayons). La plus grande partie des espèces sont aquatiques (marines ou fluviales). On les divise en deux classes : *Mollusques* et *molluscoïdes*.

Les mollusques proprement dits sont ordinairement rangés en trois groupes : mollusque nus, dépourvus d'enveloppe dure. Exemples : la *limace*, les *poulpes* (pieuvres), *seiches*, etc. Les mollusques univalves, à coquilles formées d'une seule pièce. Exemples : l'hélice (*limaçon*), les variétés innombrables d'animaux marins à coquilles. Les mollusques bivalves, à coquilles formées de deux valves, s'ouvrant à charnière. Exemples : l'*huître*, la *moule*, la *bucarde*, le *peigne*, etc.

L'enveloppe dure des mollusques est produite par une certaine partie du corps de l'animal, nommée le *manteau*, qui sécrète sans cesse de nouvelles parcelles de matière analogue à colle des os, de telle sorte que le développement de la coquille à lieu en même temps que celui de son habitant. Il est facile de remarquer sur le limaçon, vers le bord de l'ouverture, les lignes marquant ce mode de croissance.

Récapitulation.

Nous laissons de côté pour le moment les séries inférieures de l'animalité, parce que les êtres de ces séries sont plus difficiles à observer, surtout pour les enfants.

RÈGNE VÉGÉTAL.

I. Ce qu'il faut à la plante.

L'étude du règne végétal peut être faite à deux points de vue, et divisée en deux parties distinctes, mais étroitement liées. La première est l'étude des phénomènes généraux de la vie de la plante, de sa structure, et du mode de fonctionnement de ses organes : c'est la *physiologie végétale*. La seconde considère chaque espèce en particulier, la compare aux autres espèces, observe les analogies et les différences, et établit la classification; c'est ce qu'on entend par le mot de botanique réduit à sa signification la plus restreinte; c'est l'histoire naturelle des espèces végétales.

Ainsi que nous l'avons dit l'année dernière, la classification botanique repose sur des caractères que l'enfant ne saurait apprécier ; c'est donc surtout au point de vue général de la *vie dans la plante* que nous devons lui faire étudier le règne végétal. Nous donnons cette année, aux notions que nous avions esquissées l'année dernière, le développement que comporte l'âge de nos élèves.

II. La germination.

La graine est comme l'œuf du végétal. Elle se compose d'un *germe* protégé par une ou plusieurs enveloppes. Le germe, ou *embryon*, est formé des premiers rudiments de la plante naissante. C'est une sorte de bourgeon. Lors de la germination les enveloppes s'entr'ouvrent, et certaines substances qui entourent d'ordinaire le germe fournissent, en se décomposant, la première nourriture à son développement.

Le bourgeon de l'embryon est ordinairement accompagné d'un ou de deux organes *charnus*, épais, plus ou moins succulents, qu'on nomme cotylédons. Les cotylédons, faciles à apercevoir dans le haricot, forment comme les premières feuilles de la plante, mais feuilles bien différentes de celles qui naîtront du développement du bourgeon. Certaines plantes ont leurs graines pourvues de deux *cotylédons;* les autres n'en ont qu'un; enfin il existe un grand nombre de plantes qui en sont totalement dépourvues. Ces trois particularités peu apparentes ont une valeur immense dans la classification. C'est sur leur distinction qu'est établie la grande division du règne végétal en :

> Végétaux dicotylédones (pourvus de 2 cotylédons);
>
> Végétaux monocotylédones (pourvus de 1 seul cotylédon);
>
> Végétaux acotylédones (sans cotylédons).

Les premiers sont les plus nombreux et en même temps les plus parfaits des végétaux, les plus haut placés dans la série; les seconds sont déjà d'organisation beaucoup plus simple; les troisièmes enfin sont les moins parfaits, les plus rudimentaires, et comparables sous ce rapport aux animaux inférieurs.

Si nous voulons que l'enfant comprenne quelque chose au phénomène capital de la germination, il doit l'observer directement. Encore faut-il que la graine placée sous ses yeux soit de dimensions très-visibles. C'est pourquoi nous avons choisi le haricot. Lors de la germination, la *radicelle* sortie la première va chercher dans le sol des éléments de séve pour le végétal naissant; puis la *tigelle* sort de terre, emportant avec elle les deux *cotylédons* qui s'écartent pour livrer passage au bourgeon terminal, maigrissent en fournissant leur substance à la jeune plante, et, sous l'action de la lumière, prennent la couleur verte. Ils font alors fonction de feuilles. Dans les plantes qui n'ont qu'un

Germination graduelle d'une plante.

seul cotylédon, cet organe a souvent la forme d'un éteignoir coiffant le bourgeon : il se détache et tombe lorsque la petite plante se développe.

La germination, pour parcourir ses diverses phases, a besoin d'air, d'humidité, et d'un certain degré de chaleur, variable suivant les espèces. Puis, la jeune plante devant puiser dans le sol les éléments nécessaires à sa vie, il lui faut un terrain convenable; mais remarquons que beaucoup de plantes, le saule, le blé par exemple, peuvent, sous la seule influence d'une tiède humidité, germer et donner à la plante naissante un certain degré de développement.

III. La racine.

Les racines sont composées d'un tissu de *vaisseaux* ou tubes d'une finesse extrême. Leurs dernières ramifications, si fines qu'on les appelle le *chevelu*, absorbent les sucs de la terre à l'aide de *spongioles* (petites masses de matière spongieuse), placées à leurs extrémités. Les racines donnent passage, à travers leurs vaisseaux, aux sucs puisés par le chevelu; elles servent en même temps à maintenir et à fixer solidement dans la terre la tige de la plante.

Montrez aux enfants différentes racines. Faites observer le chevelu.

IV. La tige.

La tige s'élève plus ou moins verticalement au-dessus du sol. Il y a néanmoins des exceptions à cette règle; certaines tiges sont *rampantes* et se traînent sur le sol; d'autres demeurent sous la terre; ce sont des *tiges souterraines* qu'on a souvent confondues avec des racines. Exemples : l'iris. Le bulbe de l'oignon, du lis, etc., est une tige souterraine et non une racine; le tubercule de la *pomme de terre* est également considéré par les botanistes comme une *tige souterraine*. Nous n'entrons pas dans cette distinction cette année.

La tige complète se compose : 1° à l'intérieur, d'une *moelle* ou tissu *médullaire* occupant le centre; 2° autour de la moelle, d'un ensemble de fibres et do vaisseaux, par lesquels la séve *ascendante* monte de la racine aux branches, aux feuille ..c. ; 3° à l'extérieur, d'une enveloppe nommée *écorce*. L'écorce est subdivisée elle-même en plusieurs couches, et renferme les vaisseaux porteurs de la séve *descendante* qui revient des extrémités supérieures de la plante vers la racine.

Nous donnerons plus tard, sur la structure et le mode de croissance des tiges *ligneuses* et des tiges *herbacées*, des détails qui, actuellement, seraient prématurés.

Montrez des tiges ligneuses et des tiges herbacées. Sur une branche d'arbre coupée perpendiculairement faites reconnaître la moelle, le tissu fibreux et l'écorce.

La tendance de la tige à s'allonger en sens inverse de la racine a pour objet de chercher le grand air et la lumière ; voilà pourquoi certaines plantes végétant en des lieux obscurs poussent de longs jets du côté de l'ouverture par laquelle un peu de jour pénètre, et pourquoi les jeunes arbres qui croissent dans les fourrés épais s'élancent droits et grêles pour percer la voûte de feuillage qui les environne. Ce fait est facile à observer sur les tiges souples des capucines croissant en des coins où le jour pénètre difficilement.

V. Les branches et les rameaux.

Une branche est une tige *secondaire*, née d'un bourgeon, comme la tige principale est née du germe. Si chaque bourgeon se développait en branche, les arbres seraient beaucoup plus ramifiés encore qu'ils ne le sont; mais un certain nombre des bourgeons sont arrêtés dans leur développement par diverses causes accidentelles. Sur les branches sorties de la tige il naît de même une autre série de branches appelées rameaux. Dans la plupart de nos arbres une nouvelle génération de branches se fait chaque année, mais dans les plantes herbacées les ramifications se produisent plus rapidement.

Le bourgeon prend d'ordinaire naissance à l'*aisselle* d'une feuille, c'est-à-dire à son point d'insertion sur la branche. Ces bourgeons sont disposés sur la branche dans un ordre déterminé pour chaque espèce; le rameau lui-même se termine par un bourgeon. En outre, chez certaines plantes surtout, il se développe des bourgeons dits *adventices* (c'est-à-dire accidentels). Les bourgeons adventices se produisent soit sur la tige, soit sur les racines, plus ordinairement sur les bords d'une blessure faite à l'écorce. C'est par ce moyen que l'on fait *soucher* les arbres des taillis, en les coupant au pied.

Le bourgeon contient en miniature la petite branche qui doit en sortir, avec ses feuilles toutes repliées sur elles-mêmes, et protégées par leurs écailles. Cette disposition est très-facile à observer sur les gros bourgeons des poiriers, des pommiers, etc., etc.

Faites observer sur nature la formation des jeunes branches, et la position des bourgeons le long des rameaux et à leur extrémité.

VI. La feuille.

A mesure que les bourgeons qui terminent le rameau, ou prennent naissance sur sa longueur, se développent, les petites feuilles qu'ils contenaient s'allongent, se déplissent; de blanches qu'elles étaient dans le bourgeon, deviennent d'un jaune verdâtre, et prennent graduellement la teinte verte qu'elles doivent conserver. Cette phase de développement est très-intéressante à observer.

La feuille s'étend en une lame mince nommée *limbe*. Le *limbe* est formé d'un tissu plus ou moins spongieux, soutenu par des nervures qui sont le prolongement du pétiole, petit pied supportant la feuille. Ces nervures sont très-souvent ramifiées en forme de réseau; d'autres fois elles sont disposées parallèlement dans le sens de la longueur de la feuille; voyez le muguet par exemple. Non-seulement les nervures servent à soutenir le limbe, mais elles contiennent les vaisseaux qui apportent la séve et la remportent.

Les feuilles sont l'organe respiratoire de la plante, ses *poumons* pour ainsi dire. De même que le sang des animaux va dans le tissu spongieux des poumons pour s'y vivifier au contact de l'air, de même la séve, qui est le sang de la plante, monte aux feuilles, pénètre dans leur tissu par les nervures, absorbe par la surface supérieure de la feuille certaines substances répandues dans l'atmosphère, notamment l'*acide carbonique*, et, par sa surface inférieure, absorbe les vapeurs humides qui s'élèvent du sol. En outre, la séve subit dans la feuille l'influence de la lumière. Ainsi modi-fiée, vivifiée, elle repasse par d'autres canaux contenus dans les mêmes nervures, retourne à la branche et, dans sa circulation, porte à toutes les parties de la plante les substances nécessaires à leur alimentation, substances qu'elle a puisées dans l'air en traversant chaque feuille. Les autres parties *vertes* des végétaux remplissent à peu près les mêmes fonctions que les feuilles, et concourent avec elles à la respiration de la plante, mais moins activement.

Les feuilles, en conséquence de leurs fonctions, ont une tendance très-marquée à tourner leurs surfaces supérieures vers le grand air et la lumière, leur sur-face inférieure vers la terre. Une expérience très-simple et facile à exécuter consiste à détourner de sa direc-tion une branche de capucine, de manière que ses feuilles soient dans une position renversée ; le lende-main ces feuilles sont retournées, et leur pétiole garde la trace très-visible de la torsion qu'elles ont dû s'im-poser. L'expérience, renouvelée deux fois, trois fois, réussit indéfiniment, et les pétioles présentent autant d'inflexions différentes qu'il y a eu de changements de direction.

Les formes des feuilles, quoique indéfiniment va-riées, se rattachent à un petit nombre de types. Nous n'avons pas à nous en préoccuper en ce moment. Rappelez seulement ce que nous avons dit à cet égard l'année dernière, en faisant remarquer que chaque dentelure de la feuille correspond à un rameau de la nervure.

VII. La fleur.

La fleur est l'ensemble des organes de la fructification avec leurs annexes. On peut la considérer comme
formée de deux parties : les organes de fructification
eux-mêmes, ovaires, pistils, étamines; et les enveloppes florales, la corolle, le calice. Comme nous
n'avons en ce moment rien à dire aux
enfants du rôle des pistils et des étamines, nous nous contentons de leur
faire remarquer les enveloppes florales,
et de leur apprendre qu'elles sont destinées à protéger la formation du fruit.

De ces deux enveloppes, la corolle
est la plus intérieure, le calice la plus
extérieure. Les pièces dont le calice
est formé se nomment les *sépales*. Elles
sont le plus ordinairement vertes comme
les feuilles. Dans beaucoup de plantes
les sépales sont séparés; le calice se dit
alors *polysépale* (à plusieurs sépales).

Étamines et pistils.
(Giroflée.)

D'autres fois ils sont soudés de manière à figurer
une coupe, ou calice, plus ou moins dentelé sur les
bords, comme dans l'œillet. Ce genre de calice est
dit *monosépale* (à un seul sépale). Ordinairement les
sépales d'un même calice sont symétriques, exemples : le géranium; le calice est alors dit *régulier*;
autrement fait, comme dans le pied d'alouette, il est
irrégulier.

La corolle, seconde enveloppe, ordinairement teinte de riches couleurs, est formée de plusieurs pièces

Corolle (polysépale.) Giroflée.

nommées *pétales*. Quand les pétales sont séparés, la corolle est dite *polypétale*, exemple : la giroflée. Si les pétales sont soudés ensemble de manière à figurer  un seul pétale entourant la fleur, la corolle est dite *monopétale*, exemple : le liseron. Si les pétales, soudés ou non, sont symétriques, la corolle est *régulière*, exemple : l'églantine ; autrement elle est dite *irrégulière*, exemple : le pois.

Pétale séparé.
(Giroflée.)

Toutes les fleurs n'ont pas les deux enveloppes florales ; ainsi l'anémone blanche n'a qu'une seule enveloppe que l'on considère comme le calice ; le coquelicot épanoui ne garde plus que sa corolle.

Enfin beaucoup de plantes, la plupart de nos arbres forestiers, ont des fleurs *nues*, c'est-à-dire dépourvues à la fois de calice et de corolle.

Les fleurs sont ou isolées, ou groupées, suivant des

modes caractéristiques de diverses espèces; ainsi il y a les fleurs groupées en épis, en grappe, etc.

Nous avons choisi pour type la rose sauvage, parce que les roses cultivées sont généralement *doubles*, ce qui est dû au jardinier et non à la nature. Une fleur double est un produit de l'art, un *monstre*, comme disent les botanistes. Une surabondance de séve en a développé outre mesure certaines parties aux dépens de certaimes autres, et défiguré le type naturel. Nous convenons qu'une fleur double est un *beau monstre*, mais pour l'étude il convient de choisir la fleur simple, la fleur telle que la nature l'a faite.

VIII. Le fruit.

Au centre de la fleur est placé l'*ovaire* qui, en se développant après l'action du *pollen*, deviendra le *fruit*.

La fécondation des *ovules*, et le développement du fruit, présentent un ensemble de phénomènes admirables, mais que nous n'avons pas à considérer en ce moment.

Jetons un rapide coup d'œil sur le fruit formé. Il se compose d'une graine avec ses enveloppes, ou de plusieurs graines avec leurs enveloppes communes.

La forme des fruits est aussi variable que celle des fleurs; on les divise en deux groupes: fruits *charnus*, fruits *non charnus*. Les fruits non charnus sont ceux dont l'enveloppe se desséche lors de leur maturité.

Parmi les fruits charnus, on distingue : la *baie*, ayant plusieurs graines disséminées dans la masse charnue :

comme le raisin, la groseille, etc., etc.; et la *drupe*, masse charnue entourant un ou plusieurs *noyaux*, enveloppes ligneuses qui renferment les graines: cerise, prune, pêche, etc.

Silique de girofiée.

Les fruits non charnus se divisent en plusieurs groupes qu'il serait trop long d'analyser; les types les plus communs et les plus remarquables sont les *gousses* (pois, fèves, etc.); les *siliques* (chou, navet, etc.); enfin les *capsules* (boîtes) qui affectent les formes les plus diverses (pavot, pensée, tulipe, etc.). Enfin il est des fruits qu'on doit considérer comme la réunion de plusieurs fruits juxtaposés, et qu'on appelle fruits composés (châtaignes, cônes des pins).

Nous nous contentons de faire observer aux enfants

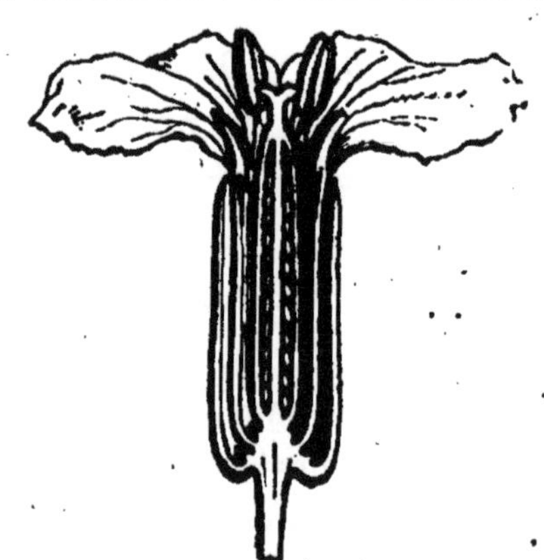

Formation de la graine au centre de la fleur.

que le fruit se forme au centre de la fleur, puis se développe et mûrit après que la corolle est tombée.

Nous leur enseignons à reconnaître les fruits *charnus* et les fruits *non charnus*. Nous n'avons pas employé les mots *fruits secs* pour éviter une équivoque, ce nom étant donné dans le commerce à certains fruits *charnus*, desséchés artificiellement dans un but de conservation.

IX. Diversité des formes de la fleur et du fruit.

Maintenant que l'enfant a acquis la notion sommaire de la série des phénomènes de la floraison et de la fructification, faites-lui remarquer la prodigieuse variété des formes de la fleur et du fruit. Il est indispensable de présenter aux élèves quelques types variés de fleurs et de fruits, sur lesquels vous les exercerez à faire la distinction des caractères les plus apparents que nous lui avons fait connaître : présence ou absence du calice et de la corolle; leurs formes; le nombre des sépales et des pétales; sépales, pétales, soudés ou distincts ; fruit charnu ou non, gousse, capsule, etc. L'observation directe des caractères botaniques non-seulement est nécessaire pour faire comprendre ces notions si intéressantes et si utiles, mais encore c'est un excellent exercice pour apprendre aux enfants à analyser les formes.

X. Culture des plantes.

Après avoir dit un mot, l'année dernière, de l'utilité des plantes, nous commençons cette année à donner aux enfants les premières explications touchant leur culture. Nous avons là une matière très-intéressante, toute une série de tableaux attrayants: le labourage, les semailles, la récolte, etc. L'instituteur entrera dans les détails que les enfants, avides de semblables récits, ne manqueront pas de lui demander. Dans les explications qu'il devra donner, il prendra pour point d'appui ce qu'il a précédemment enseigné sur le mode d'existence des végétaux.

L'enfant apprendra ainsi que les travaux des champs sont une application des sciences naturelles, et plus spécialement de la botanique. Ne laissons pas échapper une telle occasion de faire comprendre à nos élèves que la science et la pratique doivent s'éclairer et se guider mutuellement.

RÈGNE MINÉRAL.

Les *roches*, envisagées au point de vue de leur usage, peuvent être distribuées en quatre grandes catégories : 1º les *roches non métalliques* (pierres, sables, argiles, etc.) ; 2º les *minerais* dont nous extrayons les métaux ; 3º les substances minérales *combustibles* (charbon de terre, soufre, etc,) ; 4º enfin certaines substances désignées dans l'industrie et le commerce sous le nom de *sels* (sel marin, salpêtre, etc.). Cette grande division nous suffira longtemps ; elle a l'avantage de se rattacher facilement à la classification scientifique dont nous devons donner plus tard les premiers éléments.

C'est sur cette base que nous avons établi le classement des notions que nous avons à enseigner cette année.

I. Le sous-sol.

Sous une épaisseur plus ou moins grande de terre végétale, constituant ce que l'on nomme le sol *arable* (labourable), s'étend le sous-sol. Très-souvent la terre végétale repose directement sur une roche plus ou moins dure, on dit alors que le sous-sol est rocheux. D'autres fois, au contraire, on trouve sous le sol arable une épaisseur considérable de matières mobiles, sans consistance, des sables, des argiles, et l'on dit que le sous-sol est sablonneux ou argileux. Mais si on enlevait ces couches plus ou moins épaisses, on arriverait à la *roche* compacte. La roche forme partout le support de la terre végétale; là où les pluies ont entraîné les terres, principalement sur les hauteurs, on la voit apparaître à nu, recouverte tout au plus de mousse ou de lichens grisâtres, et formant ce qu'on appelle des vallées d'*érosion*. Là, au contraire, où les eaux ont déposé les terres, les sables, les cailloux entraînés des parties élevées, la roche est plus ou moins profondément ensevelie sous cette accumulation de débris.

Non-seulement la qualité et la nature de la roche diffèrent essentiellement suivant les lieux; mais on rencontre en un même lieu, successivement, des roches de natures très-diverses. Cette différence dans la *composition* et les propriétés des roches tient à la diversité de leur origine. Comme ce n'est pas ici le lieu de nous occuper de cette question, nous nous bornons à faire

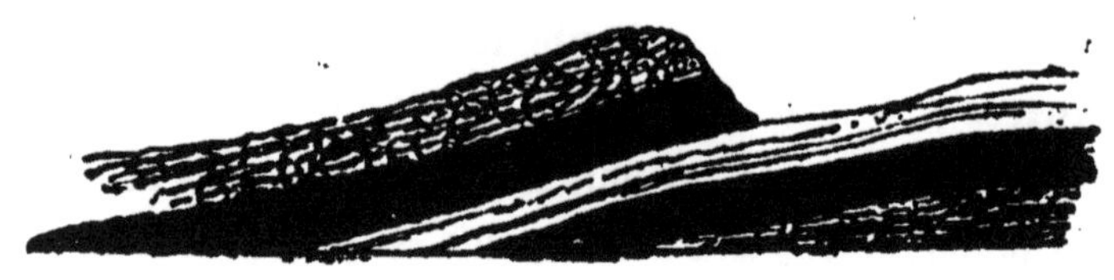

Vallées d'érosions de diverses formes.

constater le fait, en mettant sous les yeux des enfants, et en leur faisant comparer, plusieurs fragments de roches différentes.

II. La carrière.

De ce qui précède, l'enfant peut déjà conclure que les pierres de nature diverse proviennent généralement de lieux d'exploitation différents.

Les carrières sont de deux sortes: les unes, à ciel ouvert, sont de vastes excavations entamant le plus souvent le flanc des collines ; les autres, souterraines, sont exploitées par des galeries et ressemblent à de véritables mines.

Les procédés employés pour l'exploitation varient suivant la nature de la roche. Les pierres tendres sont détachées à la pioche ; les pierres dures, par la poudre. Dans ce dernier cas, on creuse dans le roc, avec la pointe acérée d'une barre de fer, un trou étroit et profond, l'ouvrier y introduit une certaine quantité de poudre, puis il remplit le trou de fragments de pierre et de mortier bien tassés. Il a soin de ménager le passage de la *mèche*, petit conduit étroit et flexible rempli de poudre, qui sert à communiquer le feu à la *mine*. (Faites en sorte que l'enfant ne confonde pas cette *mine* explosive avec les excavations souterraines dont on retire les minerais.) La poudre atteinte par le feu dégage subitement une quantité considérable de vapeurs et de gaz qui, confinés dans un étroit espace, et faisant un effort énorme pour se dilater, font éclater la roche, et produisent dans sa masse un grand nombre de fissures. Une partie s'éboule à l'instant même, et l'on détache ce qui n'est qu'ébranlé et fendillé, en introduisant dans les fentes des coins et des leviers de fer. Dans certaines carrières, et avec une certaine nature de pierre, on emploie un procédé simple et très-rationnel : on perce de distance en distance des trous étroits, et un peu profonds, dans chacun desquels on enfonce ensuite à coups de massue des coins en bois parfaitement sec. Cela fait, on arrose ces coins en abondance. L'eau les imprégnant, ils se gonflent avec une telle force qu'ils font éclater la roche suivant la ligne de trous.

III. Les roches granitiques.

Les roches non métalliques se divisent en deux grandes classes : les unes ont été formées par le feu à une époque très-reculée, ainsi que, de nos jours, sont encore formées les *laves* des volcans. D'abord fluides, ces matières formèrent en se refroidissant une roche extrêmement dure. D'autres, au contraire, ont été anciennement déposées par les eaux, comme vous savez que les cours d'eau déposent encore au fond de leur lit des couches de sable et de limon, qui parfois se cimentent entre elles à la longue, grâce à certaines substances que ces eaux tiennent en dissolution.

Parmi les premières sont des roches ordinairement très-dures, semblables ou analogues au granit, et nommées roches granitiques. Le granit proprement dit est une belle roche à grains plus ou moins fins, à l'éclat vif et pailleté. Il est essentiellement formé de trois éléments : grains ou noyaux de cristal de roche (quartz); paillettes scintillantes nacrées et feuilletées d'une substance appelée *mica;* enfin, troisième substance, qui *empâte* et cimente les fragments des deux premières, et dont le nom est assez difficile à prononcer, le *feld-spath* (pron. felspatte).

Le porphyre, qui ressemble beaucoup au granit, mais n'a ni quartz ni mica, est entièrement composé de feldspath.

Le groupe des roches granitiques, ou analogues au granit, est d'une grande importance; elles forment le sous-sol de vastes contrées, et donnent au pays un caractère particulier, témoin la Bretagne, la Vendée, l'Auvergne, qui ont un sol granitique sur une grande partie de leur étendue. Les constructions élevées sur ce genre de sol sont bâties avec le granit. Cette pierre, en raison de sa dureté, est souvent employée à former les bords des trottoirs, les seuils de porte, etc., etc.

Montrez aux enfants un fragment de granit, sur lequel vous lui ferez remarquer les petits points brillants formés par le mica.

IV. Les roches calcaires.

Parmi les roches qui ont été déposées par les eaux, et dont il existe un nombre considérable d'espèces, les plus intéressantes pour nous en ce moment sont celles qu'on appelle les pierres *calcaires*, c'est-à-dire pierres contenant de la chaux (du latin *calx*, chaux). Ces pierres diffèrent beaucoup d'aspect et d'usage. Elles ont tous les degrés de dureté, depuis le marbre jusqu'à la craie. Les roches de ce genre sont très-communes, et forment le sous-sol d'immenses étendues de pays. C'est sur un terrain calcaire que la ville de Paris est bâtie.

Parmi les pierres calcaires, celles qui ont une solidité suffisante servent à la construction. On les coupe à la scie, on les sculpte au ciseau. Les plus belles variétés, dures, compactes, susceptibles d'être polies, servent à l'ornementation de nos demeures.

Montrez aux enfants quelques fragments de pierre calcaire, *moellon*, marbre, craie.

V. La pierre à chaux.

Toutes les pierres qui contiennent de la chaux pourraient, à la rigueur, en fournir : on peut toujours extraire d'une substance composée ce qu'elle contient. Mais dans la pratique, certaines pierres calcaires se prêtent peu à la fabrication de la chaux ; et parmi celles qui peuvent servir à cet usage, toutes ne fournissent pas une chaux d'égale qualité. La craie est une bonne pierre à chaux : certaines pierres calcaires *grenues* sont les pierres à chaux par excellence.

Montrez un fragment de craie ou de pierre à chaux. Expliquez la construction du four et la cuisson de la chaux. Montrez quelques morceaux de chaux vive. Faites l'expérience d'éteindre de la chaux. Pour cela, mettez dans un plat quelques poignées de chaux vive en petits fragments, versez dessus une petite quantité d'eau. La chaux fera *effervescence*, l'eau deviendra extrêmement chaude, bouillonnera, il se produira des vapeurs. Cette expérience est jolie et très-facile à exécuter. En mêlant un peu de cette chaux réduite en bouillie avec une poignée de sable fin, vous ferez voir comment on prépare le mortier pour la construction.

La pierre à plâtre contient aussi de la chaux, mais combinée avec d'autres substances que celles de la pierre à chaux ; on la cuit d'une manière analogue, mais il faut chauffer moins fort. Le plâtre s'échauffe aussi moins que la chaux, quand on le *gâche*.

Faites l'expérience du *gâchage* et du *coulage* du plâtre. Pour cela, mêlez rapidement une poignée de plâtre de bonne qualité avec la quantité d'eau nécessaire pour former une bouillie coulante. Prenez un objet qui offre une sculpture de peu de relief. Etendez un peu d'huile à la surface de cet objet; prenez-en l'empreinte avec de l'argile molle. Puis, après avoir huilé l'empreinte elle-même, versez-y le plâtre bien coulant qui vient d'être gâché. Lorsque le plâtre aura pris, c'est-à-dire sera devenu solide, ce qui ne demande que quelques minutes, vous le détacherez du moule d'argile, et ferez voir que cette *épreuve* reproduit le relief de l'objet. Vous expliquerez ensuite aux enfants qu'un buste, une statue, se font de même, dans un *moule* analogue à celui que vous avez montré.

Ces notions sur la cuisson et l'emploi de la chaux et du plâtre ont été à peine esquissées l'année dernière; il est utile de les rappeler en y ajoutant quelques détails.

VI. Le sable et l'argile.

Malgré toute leur dureté, les roches granitiques ne sont pas à l'abri de tous les agents de destruction. Sous l'influence de l'eau principalement, le feldspath qui empâte les petits fragments de quartz et de mica s'altère avec les siècles, il se décompose, se réduit en une poussière extrêmement fine qui est l'*argile*, tandis que les petits fragments de quartz et de mica (leur ciment étant détruit) se désagrégent, et forment du sable. Le sable et l'argile sont ensuite entraînés par les eaux, puis déposés comme nous le faisons observer à l'enfant. Alors il peut arriver de deux choses l'une : ou ces parcelles restent libres, sans lien, demeurent sable, limon ; ou elles sont de nouveau cimentées par quelque autre matière qui les empâte, et elles forment ces roches qu'on appelle les *grès* et les *schistes*. En écrasant un fragment de grès à aiguiser, vous pourrez vous convaincre que cette pierre est bien formée de grains de sable *agglutinés*.

Montrez le sable au fond du ruisseau ou rappelez-en le souvenir.

Faites remarquer que le sable se dépose à l'endroit où le courant ralenti ne peut plus entraîner les grains. Montrez du sable fin. En parlant des eaux bourbeuses qui déposent peu à peu leur limon, faites observer que ce dépôt n'a lieu que lorsque l'eau est redevenue paisible.

Montrez l'argile sèche. Pétrissez-en une petite quantité avec de l'eau, pour faire voir comment elle se prête au modelage. Modelez vous-même, fût-ce grossièrement, à l'aide des doigts et d'un petit morceau de bois taillé en forme d'ébauchoir, un objet de forme simple : un fruit, une bouteille, etc. Dites aux enfants que le sculpteur modèle ainsi les statues. Rappelez à ce moment ce que vous avez dit l'année dernière de la fabrication des vases d'argile ; étendez-le un peu s'il est nécessaire. Façonnez rapidement un morceau d'argile en forme de vase, et faites-vous imiter par vos élèves. — Tout cela peut fournir la matière d'intéressantes leçons sur le sable et l'argile.

La terre végétale est un mélange d'argiles et de sables de différentes qualités suivant les lieux, et aussi suivant les roches de la décomposition desquelles cette terre provient ; à ces éléments s'ajoutent des débris de roches en morceaux plus volumineux. Enfin la terre végétale contient une certaine quantité d'*humus*, matière produite par la décomposition des substances végétales et animales. C'est surtout à l'humus que la terre doit sa fécondité. Les végétaux qui ont végété sur un sol l'engraissent de leurs débris, et l'humus ainsi formé sert à entretenir et à activer la végétation des plantes qui succéderont à celles-ci. Mais quand, au lieu de laisser les débris des végétaux retourner à la terre, nous nous emparons, pour notre usage, des tiges, du feuillage, des fruits, ainsi que nous le faisons par exemple en moissonnant un champ de blé, le sol ne retrouvant plus ce qu'il a dépensé de sucs nutritifs, s'épuise rapidement, et il faut lui restituer par la *fumure* et les engrais de toute sorte l'équivalent de ce que nous lui avons enlevé. Telle est, dans sa simplicité, la théorie des *engrais* en agriculture.

VII. Les minerais et la mine.

Toute substance de laquelle on extrait un métal est un minerai.

Parfois le métal existe tout formé, en fragments plus ou moins gros, ou en petits grains disséminés dans la roche. Mais plus souvent le minerai présente le métal *combiné*, allié intimement avec diverses substances

La roche à laquelle est mêlé un minerai se nomme la *gangue*.

Le minerai, soit pur, soit mélangé à une *gangue*, se rencontre au milieu de roches non métallifères, tantôt en *amas* irréguliers, tantôt en *filons*. Un filon est une mine *en forme de fil*, comme son nom l'indique, c'est-à-dire beaucoup plus longue que large. Le filon s'est formé par suite d'une fissure de la roche que le minerai a comblée. Si vous voulez vous former une idée d'un filon, considérez les *veines* de certains marbres; elles semblent de longues fentes étroites remplies avec une sorte de mastic de couleur différente : c'est, en petit, l'image d'un filon métallifère traversant les roches *stériles*.

Quant au mode d'extraction du minerai, il ne dépend pas de la nature du métal qui y est contenu, mais seulement de sa position. Les gîtes de minerai situés à peu de distance au-dessous du sol sont, ainsi que nous l'avons déjà dit, exploités par une simple carrière à ciel ouvert; ceux qui sont situés profondément sont exploités par un système de puits et galeries souterraines : c'est la mine proprement dite.

Chaque mine a sa physionomie, ses détails d'organisation différente d'une autre mine, mais les grands traits sont les mêmes partout. Une mine se compose toujours d'un ou de plusieurs puits, par lesquels on descend dans les *galeries*, souvent disposées par étages. Les puits sont creusés d'ordinaire verticalement; plus rarement ils sont inclinés suivant une pente rapide. Ils sont d'une largeur très-variable, de forme ronde ou carrée. Quand la roche est suffisamment ferme, les parois du puits n'ont aucun revêtement ;. dans les endroits, au contraire, où la roche, tendre, facile à écraser ou à délayer, pourrait s'ébouler, il est nécessaire de soutenir les parois du puits par un savant système de charpente, formé de pièces de bois énormes. Il en est de même pour les *galeries*, dont les parois doivent être parfois étançonnées de fortes pièces de charpente, ou même appuyées de constructions en maçonnerie.

Quand le minerai forme des amas considérables, on forme, en l'enlevant, des cavernes ou *chambres* spacieuses ; et de peur que la voûte naturelle ne s'éboule, on laisse subsister de distance en distance de gros piliers de minerai qui la soutiennent.

Quand, au contraire, le minerai se trouve sous la forme d'étroits filons, on allonge la galerie dans la direction du filon, mais il n'y a pas lieu de l'élargir

Les ouvriers détachent, le long des galeries et des parois des *chambres*, le minerai, quelquefois accompagné de sa *gangue*. Ils emploient la pioche ou la poudre, suivant la dureté de la roche. Cela fait, ils chargent le minerai dans de petits wagons, qu'ils roulent sur deux rails le long des étroites galeries, jusqu'au bas de l'ouverture du puits par laquelle il est enlevé au dehors.

Dans certaines mines, notamment dans les mines de houille belges, des femmes sont employées à ce travail, trop pénible pour leur sexe.

Lorsqu'il y a plusieurs étages de galeries, les plus profondes s'ouvrent au fond du puits, les autres à différentes hauteurs.

Le contenu des wagons est enlevé dans des *bennes* ou *bannes*, vastes tonneaux cerclés de fer, et suspendus à un long et fort câble. Ce câble s'enroule, à l'ouverture de la mine, sur une sorte de poulie nommée *molette*. Presque toujours il y a, dans un même puits, deux bennes qui montent et descendent alternativement, le câble s'enroulant d'un côté sur la molette, tandis que l'autre partie du câble se déroule [1].

Lorsque la benne chargée de minerai arrive à la surface du sol, elle soulève elle-même la trappe qui recouvre d'ordinaire au moins une partie du puits. La trappe soulevée laisse passage à la *benne*, puis elle retombe. La benne est alors élevée à une certaine hauteur; un wagon est amené au-dessous, puis, à l'aide de dispositions ingénieuses, elle s'incline et se renverse graduellement pour vider son contenu dans le wagon. Ce wagon est alors écarté; on ouvre de nouveau la trappe, et la benne redescend, tandis que l'autre benne, qui a été chargée au fond du puits pendant qu'on déchargeait celle-ci, commence à monter. Elle sortira à son tour du puits par une autre trappe voisine, et non par la même, puisque les deux bennes doivent se mouvoir parallèlement, et non pas sur une même verticale.

La machine qui fait tourner les molettes où s'enroulent alternativement les câbles était autrefois un

---

1. Dans certaines mines ce n'est pas aux deux extrémités d'un même câble que sont suspendues les bennes, mais à deux câbles différents dont l'un s'enroule sur une *molette*, tandis que l'autre se déroule d'une autre molette fixée au même axe que la première, ce qui revient au même.

simplo *manége* mû par plusieurs chevaux, semblable à ceux qu'on emploie pour exécuter certains travaux agricoles. Cet appareil insuffisant est aujourd'hui remplacé par une puissante machine à vapeur.

Une autre machine à vapeur est employée à épuiser l'eau qui suinte incessamment par les joints de la pierre, coule au fond du puits, s'y accumule, et submergerait en peu de temps toute la mine, si elle n'était extraite incessamment aussi. Les pompes mues par cette machine travaillent jour et nuit; c'est une des dépenses les plus onéreuses de l'exploitation minière. Les pompes et la machine qui les fait mouvoir sont, dans nos grandes mines, des chefs-d'œuvre do combinaison mécanique.

Dans un grand nombre de mines les ouvriers montent et descendent par des échelles disposées en étages successifs; mais le plus souvent ils montent et descendent par la benne. Dans les mines les mieux organisées les bennes sont remplacées par dès *cages* de bois et de fer, glissant de haut en bas par des coulisses. On évite ainsi une foule d'accidents. Les machines à vapeur qui font mouvoir tous ces appareils sont réunies dans un immense hangar, voisin du puits. Là sont aussi les machines qui doivent sorvir, dans certains cas, à la préparation du minerai.

Non-seulement chaque métal est fourni par un minerai différent, mais souvent le même métal se trouve dans différents minerais qui réclament un mode de *traitement* (travail d'extraction) différent aussi. Cela tient à la variété de nature des substances unies au métal. Beaucoup de minerais ont besoin, avant lo traitement *métallurgique*, d'une ou plusieurs opérations préalables. Ceux qui sont mélangés à des substances terreuses doivent être lavés par un courant d'eau, qui emporte les matières argileuses et laisse le minerai; d'autres doivent être brisés en petits fragments, ou parfois même finement pulvérisés. Alors commence l'opération qui a pour but de décomposer le minerai pour en séparer le métal. Comme nous l'avons dit, c'est à la puissance du feu que l'on a recours, mais les procédés sont très-divers, parfois extrêmement compliqués.

Ne pouvant entrer ici dans le détail des opérations métallurgiques pour chaque métal, nous avons du moins voulu donner à l'enfant la première idée de ce genre de travail, en lui esquissant le procédé d'extraction du fer, suivant la méthode la plus généralement suivie, celle qui consiste à produire de la fonte, et à la transformer ensuite en fer malléable.

Le haut fourneau est une sorte de four qui rappelle, au premier coup d'œil, certains fours à chaux, sauf ses proportions gigantesques. Extérieurement, il offre l'aspect d'une grande tour, plus large à la base qu'au sommet, et couronnée d'une plate-forme. A l'intérieur, sa capacité énorme va s'élargissant depuis l'ouverture jusqu'aux deux tiers de sa profondeur; à partir de là, elle diminue, et se termine, un peu au-dessus du niveau du sol, par une partie rétrécie qu'on nomme le *creuset*. La plate-forme communique, par un petit pont viaduc, avec une construction sur laquelle sont élevés successivement de petits wagonnets remplis de combustible, de minerai, et ordinairement aussi de carbonate de chaux, appelé vulgairement *castine*. La castine se combine avec le minerai, retient le fer, et

Coupe d'un haut fourneau.

l'empêche d'aller se perdre en partie avec d'autres substances. On verse alternativement dans le haut fourneau du minerai, de la castine et du combustible. Ce combustible est du charbon de bois, mais plus généralement du coke. La houille contient des matières qui donneraient au fer une mauvaise qualité.

Le haut fourneau doit être maintenu presque totalement rempli. C'est à la partie inférieure que la combustion est le plus intense. On entretient l'activité de cette fournaise à l'aide de puissantes machines soufflantes mues par la vapeur et produisant l'effet de soufflets.

Le minerai se décomposant, les parcelles de fer se fondent, et coulent en gouttes incandescentes, en pluie, en cascades de feu, à travers le combustible embrasé, jusqu'au fond du creuset. Là le métal fondu s'accumule, et le niveau de la fonte liquide monte peu à peu. Sur cette fonte surnage, comme une écume, une couche de matières non métalliques fondues, analogues à du verre grossier. C'est ce qu'on nomme le *laitier*.

Le coulage est suffisamment décrit dans les livres de l'élève. La coulée de fonte est dirigée dans des canaux creusés au bas du *trou de coulée*, dans un sol formé d'un mélange de sable et de charbon en poudre.

La fonte n'est pas encore du fer pur; elle contient une très-petite quantité de charbon intimement combinée à sa masse; quand elle est refroidie, elle est dure, cassante, et ne saurait être travaillée au marteau comme le fer. Pour la transformer en fer malléable, tout à la fois ferme, tenace, il faut lui ôter ce charbon qu'elle contient. La série des opérations

par lesquelles on y parvient serait trop longue à décrire; en somme, elle consiste à ramener par la fusion
la fonte à l'état pâteux, et à la soumettre à un courant d'air : le charbon se *brûle* dans cette opération,
et la fonte de *première fusion* devient ce qu'on emploie sous le nom de *fonte malléable*. Quant au fer
proprement dit, il est forgé sous un énorme marteau
ou *martinet* mû par une puissante machine, qui lui
donne la forme de *barres;* reste au forgeron à le fa-
çonner à son gré.

L'acier, que certaines personnes sont tentées de prendre pour un métal à part, n'est autre chose que du fer
contenant un peu moins de charbon que la fonte. Aussi
l'acier est-il plus dur et plus cassant que le fer. La
trempe consiste à chauffer le fer au rouge, puis à le
refroidir brusquement en le plongeant dans l'eau froide.

VIII. Le charbon de terre.

Parmi les matières combustibles que contient le sol,
la houille a la plus haute importance. Elle alimente
toute l'industrie moderne.

Nous n'avons pas à nous occuper en ce moment du
mode de formation de la houille; il nous suffit de dire
qu'elle se trouve en couches superposées, ordinairement très-étendues, au milieu de certaines espèces
de roches bien connues des savants et des ingénieurs.
L'extraction de la houille se fait par des mines semblables à celles d'où l'on extrait les métaux; seulement
il y a plus de précautions à prendre parce qu'il y a
deux dangers de plus à courir : ceux de l'incendie et

de l'explosion. L'explosion est produite par certains gaz, analogues au gaz d'éclairage, qui se dégagent de la houille, et peuvent s'enflammer au contact des lampes dont les mineurs s'éclairent. Le gaz en s'enflammant fait, comme la poudre, un effort immense pour se dilater ; cet effort produit une secousse terrible qui bouleverse les galeries, et foudroie les mineurs. C'est ce qu'on appelle : le *feu grisou*. Pour prévenir ces catastrophes on donne aux mineurs des lampes construites d'une façon spéciale, qu'on appelle du nom de leur inventeur : lampes Davy.

IX. Le sel.

Le sel se rencontre dans la nature sous deux formes : dissous dans l'eau de la mer, des lacs, et des sources salées, c'est le sel marin ; et dans le sol, en masses considérables, semblable à une roche dure et cristalline : on donne à ce dernier le nom de sel gemme. Nous expliquerons plus tard le mode de formation de ces masses souterraines de sel. En beaucoup de contrées, on les exploite par des mines, comme le charbon. Les mines de sel gemme les plus renommées sont celles de Bohême et de Pologne ; il y en a aussi dans l'est de la France, mais elles sont moins considérables.

Les eaux salées, soumises à l'évaporation, abandonnent le sel à l'état solide. Parfois on fait chauffer l'eau salée dans de vastes chaudières d'où l'eau s'échappe sous forme de vapeur, laissant le sel au fond du vase. Plus ordinairement on fait arriver l'eau sur de vastes terrains qu'on nomme *marais salants* : elle forme là une multitude de petits étangs divisés en compartiments réguliers, d'une profondeur de quelques centimètres seulement. L'eau s'évapore à l'air libre, à la chaleur du soleil, et le sel est recueilli avec de petits râteaux sur le lit de ces petits étangs.

CHAPITRE X.

LEÇONS PRÉPARATOIRES A L'ÉTUDE DE L'HYGIÈNE.

L'année dernière, nous faisions précéder nos premières notions d'histoire naturelle d'un paragraphe
destiné à faire reconnaître aux enfants la fonction spéciale des organes des sens. Nous voulions qu'ils se
rendissent compte, autant que possible, de tous leurs
moyens de communication avec le monde extérieur.

Cette année, dans un but semblable, nous nous efforçons de diriger leur réflexion sur les actes les plus
importants de leur existence physique.

En les accomplissant moins machinalement, en en
comprenant mieux le but, les enfants seront graduellement conduits à étendre l'empire de la réflexion jus-
que sur les fonctions de leur vie matérielle, et à donner en toutes choses à leurs instincts la raison pour
guide et pour limite.

C'est en prenant dès son jeune âge l'habitude de
satisfaire ses besoins corporels sous la seule impulsion

de ses instincts, que l'homme fait se trouve dominé par eux, au détriment de la dignité de son être moral et de sa santé même.

Si notre raison doit diriger les actes de notre vie matérielle, il faut donc qu'elle les comprenne et les juge ; elle ne saurait commencer de trop bonne heure. A mesure que l'enfant avancera en âge, nous lui donnerons les notions les plus essentielles. Nous préparons dès à présent cet indispensable enseignement, en donnant à nos petits élèves une idée des deux ou trois fonctions vitales les plus importantes de notre organisme.

I. La vie.

Ce mot de *vie*, que l'enfant entend prononcer chaque jour, il faut qu'il le comprenne. Une définition n'aurait pour lui aucun sens. Faisons-lui donc simplement un rapide résumé des actes qu'il accomplit, des sensations qu'il perçoit, des sentiments qu'il éprouve, et disons-lui : tout cela, c'est la *vie*, ou bien il faut la *vie* pour éprouver tout cela. Et pour lui faire mieux sentir par le contraste le prix de la vie, montrons-lui la matière inorganisée qui n'a ni le mouvement, ni la sensation, ni le sentiment.

Enfin, donnons-lui une noble idée de cet ensemble de fonctions qui constitue la vie, en le lui montrant dirigé vers un but élevé, qui est l'intelligence du vrai et l'accomplissement du devoir.

La vie humaine est double. Les fonctions conservatrices et réparatrices des organes; la perception par

les sens, forment un groupe de fonctions dont l'exercice constitue ce qu'on peut appeler la *vie inférieure*
de l'homme.

L'autre groupe est composé des facultés supérieures,
à la fois intelligentes, volitives et affectives, nettement
conscientes d'elles-mêmes; l'exercice de ces fonctions
supérieures caractérise essentiellement la vie humaine.

Remarquons bien que ces deux ordres de fonctions
ont entre eux des relations étroites; le premier doit
être subordonné au second, et cependant le second reçoit sans cesse la réaction du premier.

Dans l'être humain parfait, ces deux vies ne doivent
pas être en antagonisme, en lutte l'une contre l'autre,
mais en *harmonie;* elles doivent concourir au même
but, chacune dans sa sphère d'action et avec les
moyens qui lui sont propres.

Certes, nous n'avons pas besoin d'entrer avec nos
jeunes élèves dans une distinction philosophique
toutefois, ils sentent fort bien qu'il existe autre chose
en eux que cette vie physique qui se traduit à l'extérieur par le mouvement. Il ne nous sera donc pas difficile de leur faire comprendre que leur vie se compose, dans sa réalité physique, du mouvement et de
la perception par les sens. Dans sa réalité spirituelle,
de la pensée ou réflexion, de la volonté, et du sentiment.

Dans cet ensemble de la vie intellectuelle et de la
vie physique se résume l'unité admirable de l'homme.

Tel est l'ordre que nous avons suivi; nous invitons
les maîtres à développer, à l'aide d'exemples et de

comparaisons, ce que nous avons dû nous contenter d'esquisser.

II. L'alimentation.

Il s'agit maintenant de faire comprendre aux enfants que pour accomplir les actes de la vie, aussi bien ceux de la vie supérieure que ceux de la vie matérielle, il faut *entretenir la vie* dans les organes.

L'entretien de la vie nécessite une foule de fonctions diverses, d'une importance extrême. Toutes ces fonctions dépendent les unes des autres, et doivent s'accomplir avec ensemble. On les divise, pour l'étude, en fonctions digestives, respiratoires, circulatoires, etc.

Il est temps que l'enfant, qui mange plusieurs fois chaque jour, ait une notion juste du but de cet acte si souvent répété. Du reste, nous n'avons à entrer dans aucun détail, nous nous bornons à lui dire que les aliments sont *digérés*, c'est-à-dire partiellement transformés en *sang*, ce sang qui est nécessaire à l'entretien de notre vie.

En faisant connaître aux enfants le nom d'*aliment*, n'oubliez pas de leur faire distinguer les substances alimentaires des substances impropres à notre nourriture. Il y en a d'abord dont l'action jette le désordre dans nos organes : ce sont les poisons qui peuvent entraîner la mort. En second lieu, les substances dépourvues de qualités *nutritives* (le bois, la pierre, etc.). Troisièmement les substances alimentaires de leur nature, mais devenues malsaines, par un changement d'état, telles que les fruits gâtés, les viandes avancées, etc. Enfin les fruits ou viandes non encore parvenus à leur maturité, etc.

Faites ensuite remarquer aux enfants que les *aliments* sont de deux sortes : *solides* et *liquides;* les uns ne suppléent pas aux autres. La *faim* et la *soif*, sensations très-distinctes, nous avertissent que nous avons besoin de *manger* et besoin de *boire*.

Plaçons ici une considération qui a une sérieuse portée. En ce qui touche les fonctions de notre organisme, l'instinct, sollicité par le *besoin* des organes, est en même temps l'avertissement et la mesure de ce besoin. La faim et la soif s'éveillent quand l'organisme a besoin d'alimentation; leur apaisement marque la limite au delà de laquelle commence l'*excès*, préjudiciable à la santé.

Celui à qui le plaisir du *goût* (plaisir naturel et non blâmable quand il ne pousse pas à l'excès) fait dépasser cette limite est coupable, justement parce qu'il altère les fonctions et les facultés qu'il a au contraire pour devoir de conserver.

L'enfant, à cause de la vivacité de ses sensations, et du peu d'empire que sa raison exerce sur ses. instincts, est fort enclin à la gourmandise.

Les formules banales usitées en pareilles circonstances : « Que c'est laid, la gourmandise, etc., » ou les menaces de punition, ne font pas grand effet. Dire simplement à l'enfant que la gourmandise le rendra malade, c'est donner à la morale de l'intérêt personnel une forme un peu matérielle... Mais qu'il se rende compte, autant qu'il est en lui, de l'importance de la fonction de nutrition, et qu'il ait une idée juste, nous allions dire scientifique, de la limite à observer, du *devoir* moral de s'y maintenir, des conséquences du désordre apporté dans les fonctions de nos organes par l'*excès* : il sera disposé alors à prendre nos observations au sérieux. Si nous ne prévenons pas tous ses petits écarts, nous lui inspirerons du moins un regret raisonné de sa faute, et il sera moins disposé à s'y laisser entraîner par irréflexion.

III. L'alimentation (suite).

Faites observer aux élèves le *mécanisme* de la *division* et de la *mastication* des aliments ; qu'ils reconnaissent la nécessité de cette opération préalable. Beaucoup d'enfants avalent des morceaux trop peu *broyés*, chose infiniment préjudiciable à leur estomac délicat ; n'oublions pas que la santé des enfants est aussi commise à notre sollicitude.

Développez quelque peu notre texte, sans entrer dans le détail des fonctions de l'estomac : il suffit à l'élève de comprendre que la partie la plus substantielle des aliments est absorbée et transformée pour devenir du sang.

IV. Le sang.

Afin de faire comprendre aux enfants que le sang, en *circulant* à l'intérieur de notre corps, distribue à chacune de ses parties la substance nutritive qui doit entretenir sa vitalité, nous avons usé d'une figure ;

ayez soin qu'aucune des expressions que nous avons employées au figuré ne soit prise au propre par les enfants.

V. La respiration.

Faites observer aux enfants sur eux-mêmes l'*inspiration* et l'*expiration* de l'air, le mouvement de la poitrine qui s'élargit et s'abaisse. Montrez la nécessité de la respiration par les conséquences de la privation d'air. — Asphyxie.

Achevez en faisant remarquer l'intervention du souffle dans la *parole* et le *chant;* la nécessité de respirer à certains moments, pendant la lecture, le chant. En rappelant l'opportunité des signes de ponctuation (et des silences si l'enfant connaît les éléments de la musique), vous lui ferez pressentir qu'il peut exister des liens entre des choses qui semblent éloignées l'une de l'autre, et qui pourtant ont des rapports intimes : le *langage* et la *physiologie.*

VI. L'exercice.

Faites comprendre que tous les organes se fortifient et se développent par l'exercice; de là l'utilité d'une gymnastique naturelle, et principalement du travail.

Ajoutez que les facultés de l'intelligence, quoique d'un ordre tout autre que les fonctions organiques, ont, de même que celles-ci, pour loi de développement, la culture et l'exercice.

CHAPITRE XI.

DE L'ENSEIGNEMENT DE L'ÉCRITURE.

L'enseignement de l'écriture doit tenir cette année une grande place dans notre programme. Il est donc nécessaire que nous consacrions quelques lignes à l'examen des méthodes en usage, et que nous recherchions s'il n'est pas nécessaire d'y apporter quelques modifications, pour les mettre en rapport avec nos principes généraux et l'ensemble de notre plan d'études.

Les procédés d'écriture généralement employés sont très-détaillés. La formation des lettres y est établie avec un soin minutieux, le tracé des pleins et des déliés est observé avec toutes les précautions imaginables.

Mais une si minutieuse analyse a presque toujours entraîné dans la pratique des inconvénients dont il faut bien nous rendre compte, afin de les éviter. Ces inconvénients tiennent à la sécheresse de l'étude poussée à l'excès; et il faut avouer que, lancés dans cette voie, on surenchérit de plus en plus. Préoccupé exclusivement de la formation des lettres, on a oublié que l'obstacle majeur, ici comme dans toutes les autres études, n'est pas dans les difficultés techniques de l'écriture en elle-même. Le grand, le sérieux obstacle, l'obstacle réel, c'est l'ennui, le dégoût que les exercices mécaniques inspirent aux enfants; c'est l'inattention, l'effort pénible, l'insuffisance de volonté qui en sont les conséquences. Mais il était dit que dans toutes les branches de l'enseignement on se briserait contre cet écueil, faute de le reconnaître.

Soyons de bonne foi : les exercices d'écriture qui réclament l'attention la plus soutenue du coup d'œil, et la tension nerveuse et musculaire de la main, ne sont-ils pas par eux-mêmes assez pénibles pour des enfants, et faut-il que nous y joignions l'ennui mortel de traits répétés à satiété, de groupes de lettres, de mots décousus qui ne disent rien à l'esprit? Qu'importe que vos tracés soient minutieusement nuancés, s'il faut que l'élève, se traînant sur ces mots et ces groupes de lettres, ces pleins et ces déliés répétés cent fois, finisse par avoir l'œil lassé, la main fatiguée de crispations nerveuses, le corps engourdi par une position forcée, qu'il succombe enfin à ces causes accumulées de dégoût?

Vous faut-il des preuves d'expérience? jetez les yeux sur le premier cahier d'écriture venu, les numéros les moins avancés surtout, ces pages de pleins

et de déliés, ces I, ces M, ce que nos mères appelaient
des *bâtons: toujours* les dernières lignes sont les plus
mauvaises de la page, et les dernières pages les plus
mauvaises du cahier. C'est du progrès à rebours.
Pourquoi? Est-ce que, en matière d'écriture, plus
on forge moins on devient forgeron ? Nullement;
mais la main se fatigue et l'imagination se révolte.
Ce n'est pas la difficulté du trait, puisque la première ou la seconde ligne est la meilleure. C'est l'effet de *l'ennui :* quel adulte raisonnable, courageux,
désireux d'apprendre, y résisterait? L'enfant s'y aban-
donne.

Songeons donc à écarter de notre voie cette difficulté majeure, en faisant céder, quand il sera nécessaire, toute autre considération devant celle-là. Allons
le plus vite possible aux mots, aux phrases ; cherchons
à les varier, convaincus qu'il vaut mieux changer
d'exemple deux fois, trois fois dans chaque page, que
de faire répéter vingt fois le même exemple. Néanmoins, malgré cette précaution, l'étude de l'écriture
restera pénible, si on ne la réorganise pas suivant les
prescriptions de la pédagogie, indiquées par l'expérience, et dont chaque maître peut vérifier la valeur.

L'étude de l'écriture demande une initiation préalable: la connaissance des lettres manuscrites. Ensei-
gnez-les aux élèves. Tracez-les au tableau noir, et
permettez aux élèves de les imiter sur l'ardoise. Par-
courez ainsi la série des exercices préparatoires que
nous avons indiqués dans le *Manuel de première*

année. Mettez dans les mains de l'enfant des *cahiers manuscrits* d'une écriture belle et lisible. *La lecture des lettres manuscrites doit précéder l'écriture.* Puis vous aurez recours à des cahiers d'écriture faits spécialement en vue des élèves de notre cours. Ces cahiers sont en préparation.

Voici maintenant deux prescriptions d'importance extrême, parce qu'elles ne tiennent pas seulement à des considérations de méthode, mais parce qu'elles ont pour objet de satisfaire à des nécessités impérieuses au point de vue hygiénique. La première, c'est que les tables d'écriture aient une hauteur et une inclinaison calculées de manière que l'élève y soit assis dans une position naturelle : mettre indifféremment tous les enfants de tailles inégales aux mêmes tables et sur les mêmes bancs est une imprudence qui entraîne des résultats fâcheux, surtout avec la déplorable coutume de prolonger les exercices écrits pendant des heures. Si le corps de l'enfant n'est pas dans un équilibre convenable, s'il est trop penché d'un côté ou de l'autre, il éprouve une fatigue, une souffrance vague, une gêne dans son développement, qui peut aller jusqu'à la déviation de la colonne vertébrale, accident déplorable et presque sans remède.

Et en outre, quelque naturelle et commode que puisse être la position du corps devant la table, l'immobilité que les exercices d'écriture exigent serait préjudiciable, s'ils se prolongeaient trop. D'ailleurs, loin de faire des progrès, les élèves s'y perdraient la main, puisqu'il est prouvé que l'attention de l'enfant est épuisée dès les premières lignes.

Donc des *exercices très-courts*, des exemples variés. Dix lignes tracées de cette manière feront faire plus de progrès réels que tout un cahier longuement couvert de griffonnages.

FIN.

TABLE DES MATIÈRES.

FIN DE LA TABLE.

PARIS. — TYPOGRAPHIE LAHURE
Rue de Fleurus, 9

9 782016 117781